Wisdom With
Understanding
is Better
Than Rubies

Lurine Karon Greenberg
Fine Arts Collection

Bruno Martinazzi

Schmuck | Gioielli | Jewellery
1958–1997

Bruno Martinazzi

ARNOLDSCHE
Art Publishers

Herausgeber | Editor
Schmuckmuseum Pforzheim; Dr. Fritz Falk,
Cornelie Holzach

Autoren | Authors
Carla Gallo Barbisio
Fritz Falk
Paolo Fossati
Cornelie Holzach

Redaktion | Editorial work
Cornelie Holzach
Dirk Allgaier

Englische Übersetzungen | English translations
Joan Clough, München

Italienische Übersetzungen | Italian translations
Maria Teresa Arbia, Stuttgart
Gisella Ferraresi, Weinstadt
Caroline Lehmler, München

Graphische Gestaltung | Layout
Silke Nalbach, Stuttgart

Offset-Reproduktionen | Offset-Reproductions
Konzept Satz und Repro, Stuttgart

Druck | Printing
Tipografia Sosso, Turin

Dieses Buch wurde gedruckt auf 100 % chlorfrei
gebleichtem Papier und entspricht damit dem
TCF-Standard.

This book was printed on 100 % chlorine-free
bleached paper in accordance with the TCF
standard.

Die Deutsche Bibliothek CIP-Einheitsaufnahme

Martinazzi | [Hrsg. Schmuckmuseum Pforzheim.
Autoren Carla Gallo Barbisio ... Redaktion Cornelie
Holzach. Engl. Übers. Joan Clough. Ital. Übers.
Maria Teresa Arbia ...]. - Stuttgart : Arnoldsche, 1997

ISBN 3-925369-75-9

Made in Europe, 1997

Begleitbuch zur Ausstellung (1997 | 98)
Bruno Martinazzi
Schmuck und Skulpturen 1958–1997

im

 Schmuckmuseum Pforzheim
Deutschen Goldschmiedehaus Hanau
Bayerischen Kunstgewerbeverein München
Musei Civici di Padova, Piano Nobile Pedrocchi,
Padua

Bildnachweis | Photo credits
Alle Fotos Bruno Martinazzi, Turin, außer:
All photos by Bruno Martinazzi, Turin, with
exception of:
Kat. Nr. 14, 23, 26: Peter Frankenstein, Stuttgart
S. 15, 49: George Meister, München
Kat. Nr. 31, 74: Günter Meyer, Pforzheim
Kat. Nr. 30: Maria Thrun, Hamburg

Wir danken für die freundliche Unterstützung:
Ringraziamo per il gentile sostegno:
We wish to thank for the financial support:

Comune di Padova Assessorato alla Cultura

Inhalt | Indice | Content

6

Dieses Buch begleitet eine Ausstellung, die das schmuckkünstleri-
sche Schaffen Bruno Martinazzis über einen Zeitraum von nahezu vierzig Jahren umfaßt. Das Schmuckmuseum Pforzheim als
Initiator, das Deutsche Goldschmiedehaus Hanau, der Bayerische
Kunstgewerbeverein München und die anderen an diesem Projekt
beteiligten Institutionen danken dem Künstler selbst, den Leih-
gebern im In- und Ausland, den Autoren der hier erstmalig veröf-
fentlichten Texte und Briefe sowie all jenen, die sowohl die Ausstellung als auch diese Publikation durch ihre Förderung ermöglicht haben. An erster Stelle steht die Internationale Gesellschaft
der Freunde des Schmuckmuseums Pforzheim, die sich mit einem
namhaften Beitrag für ihr langjähriges Mitglied Bruno Martinazzi engagiert hat; dem Istituto Italiano di Cultura Stuttgart gilt
Dank für die gute Zusammenarbeit und die finanzielle Unterstützung. Zu danken ist auch der Pforzheimer Gold- und Silberscheideanstalt C.HAFNER für die großzügige Hilfe. Das bei Pforzheim ansässige Unternehmen DENTAURUM J.P. Winkelstroeter
KG und die Firma WELLENDORFF-Gold-Creationen, Pforzheim
haben uns dankenswerterweise eben- falls unterstützt.

Auf die einfühlsame Übertragung des Gedichtes von Giacomo
Leopardi durch Bettina Galvagni ist mit besonderem Dank hinzu-
weisen.

Questo libro accompagna una mostra che
comprende la creazione dei gioielli artisti-
ci di Bruno Martinazzi in un arco di tempo
di quasi quarant'anni. Il Museo dei Gioielli
di Pforzheim come promotore, la »Deutsches
Goldschmiedehaus Hanau«, »Bayerischer
Kunstgewerbeverein München« e le altre isti-
tuzioni coinvolte in questo progetto rin-
graziano l'artista, i prestatori, gli autori
dei testi e delle lettere qui pubblicati per la
prima volta come tutti coloro che hanno
reso possibile la realizzazione della mostra
e di questa pubblicazione con il loro contributo. In primo luogo la Società Internazionale degli Amici del Museo dei Gioielli
di Pforzheim, che si è impegnata per il suo
membro Bruno Martinazzi con un notevole contributo; all'Istituto Italiano di Cultura di Stoccarda va il nostro grazie per la
collaborazione e l'aiuto economico presta-
tici; un grazie anche all'Istituto C. HAFNER
per il generoso sostegno. La nostra ricono-
scenza va anche alle ditte DENTAURUM J.P.
Winkelstroete KG e WELLENDORFF-Crea-
zioni in oro di Pforzheim.

Per la sensibile traduzione delle poesie
di Giacomo Leopardi ringraziamo Bettina
Galvagni.

This book goes with an exhibition which covers the work done by Bruno Martinazzi in jewellery over a period of nearly forty years. The Schmuckmuseum Pforzheim as the initiator, the Deutsches Goldschmiedehaus in Hanau, the Bayerischer Kunstgewerbeverein in München and the other institutions participating in this project thank the artist himself, those who have lent works of his both at home and abroad, the authors of these texts and letters which first appear in print here as well as all those who have made both this exhibition and this publication possible through their support. First, we are indebted to the Internationale Gesellschaft der Freunde des Schmuckmuseums Pforzheim (International Society of Friends of the Schmuckmuseum Pforzheim) who have shown such dedicated commitment to a member of many years' standing, Bruno Martinazzi. We should also like to express our warmest thanks to the Istituto Italiano di Cultura Stuttgart for their excellent cooperation and financial support. We also wish to thank the Pforzheim Gold- und Silberscheideanstalt (Gold and Silver Alloys Institute) C. HAFNER for their generous help. We are also greatly indebted to the firm of DENTAURUM J.P. Winkelstroeter KG near Pforzheim and WELLENDORFF-Gold-Creationen, Pforzheim, for their support.

We should particularly like to thank Bettina Galvagni for her sensitive translation of the poem by Giacomo Leopardi.

Humanismus – Humanität – Humanities

Fritz Falk

Diese Begriffe, auch wenn sie als solche erst im 19. und 20. Jahrhundert geprägt wurden, haben ihren kultur- und geistesgeschichtlichen Ursprung im Italien des 14., 15. und 16. Jahrhunderts. Der Italiener Francesco Petrarca, 1304 in Arezzo geboren, gilt vielen als der erste Humanist: Dichter, Forscher, Gelehrter, Theologe und einer der ersten Menschen der Neuzeit, der seine Liebe und Bewunderung der Natur in literarische Form gebracht hat. Die Beschreibung seiner Besteigung des Mont Ventoux in der Provence (1336) ist ein beeindruckendes Zeugnis völlig neuer Betrachtensweise der Natur im Verhältnis zum Menschen, der sie erlebt und bezwingt.

Übrigens: 602 Jahre später hat der vierzehnjährige Bruno Martinazzi sein erstes Bergerlebnis, aus dem seine Leidenschaft für das intensiv betriebene Bergsteigen erwächst.

Die Epoche des Humanismus ist die Zeit der Renaissance. Ein neuer Mensch entsteht in einer neuen Welt, einer Welt der Künste, die der Persönlichkeit und dem Körper des Menschen eine neue, von mittelalterlichen Denkformen befreite Aufmerksamkeit widmen, einer Welt, die Voraussetzungen schafft für die modernen Natur- und Geisteswissenschaften, die Religion und Geschichte neu bewertet und sich der Umwelt, der Natur zuwendet. Die Renaissance nahm ihren Ausgang von Italien, von den Stadtstaaten Florenz, Mailand, Mantua und auch vom päpstlichen Hofe in Rom. Sie basiert – vereinfacht gesagt – auf einer Synthese aus Antike, die damals in den unterschiedlichsten Aspekten ihrer Existenz »wiedergeboren« wurde, und Christentum, das seit nahezu eineinhalb Jahrtausenden zum prägenden Faktor des Abendlandes geworden war. In der Renaissance mit dem sie begleitenden Humanismus wurde der Grundstein gelegt, auf dem wir – auch noch am Ende des 20. Jahrhunderts – stehen.

Umanesimo – Umanità – Humanities

Fritz Falk

Questi concetti, anche se essi come tali furono coniati solo nel XIX e XX secolo, hanno la loro origine storico-culturale nell'Italia del XIV, XV, XVI secolo. L'italiano Francesco Petrarca, nato nel 1304 ad Arezzo, viene riconosciuto da molti come il primo umanista: poeta, dotto, teologo, uno dei primi uomini della nuova epoca, che ha espresso il suo amore e la sua ammirazione per la natura in forma letteraria. La descrizione della sua ascesa sul Monte Ventoux in Provenza nel 1336 è una testimonianza impressionante caratterizzata da un nuovo modo di osservare la natura in relazione con l'uomo che la vive e la possiede.

A parte: 602 anni più tardi il quarantenne Bruno Martinazzi visse la sua prima esperienza in montagna da cui nasce la sua passione per la scalata praticata in modo intensivo.

L'epoca dell'Umanesimo è il periodo del Rinascimento. Un nuovo uomo nasce in un nuovo mondo, un mondo delle arti che dedicano alla personalità e al corpo dell'uomo una nuova attenzione liberata dalle forme di pensiero medievali; un mondo che crea le premesse per le moderne scienze naturali e umanistiche, che da un nuovo valore alla religione e alla storia e che si rivolge alla natura e all'ambiente. Il Rinascimento ebbe il suo inizio in Italia, nelle città di Firenze, Milano, Mantova e anche nella Roma delle corti papali. Esso si basò – detto in modo semplicistico – su una sintesi di antichità, che all'epoca »rinacque« nei più diversi aspetti della sua esistenza, e di cristianesimo, che da più di un millennio era diventato il fattore pregnante in Occidente. Nel Rinascimento, e insieme nell'Umanesimo che lo accompagnò, furono posti i fondamenti della nostra cultura moderna.

Humanism – Humanity – Humanities

Fritz Falk

These concepts, even though they were not formulated until the 19th and 20th centuries, originate culturally and epistemologically in 14th, 15th and 16th century Italy. The Italian Francesco Petrarca, born in Arezzo in 1304, is regarded by many as the first humanist: poet, researcher, scholar, theologian and one of the first Modern men, who expressed his love for and admiration of Nature in literary form. The description of his ascent of Mont Ventoux in Provence (1336) bears impressive witness to an entirely new way of viewing Nature in relation to man, who experiences and conquers it.

By the way: 602 years later, Bruno Martinazzi had his first experience of mountains at fourteen and from this grew his passion for mountain climbing, which he pursues with great keenness.

The Age of Humanism is the Renaissance. A new human being appeared in a new world, a world of the arts, dedicated to the personality and the body of man with a new attention, freed from the constraints imposed by medieval forms of thought, a world which created the essential framework for the modern sciences and humanities, which reevaluated religion and history and turned to the environment, to Nature. The Renaissance originated in Italy, spreading from the city states of Florence, Milan and Mantua and also from the Papal court at Rome. It is based – put in simple terms – on a synthesis of Greco-Roman antiquity, which in diverse aspects of its existence was »reborn« at that time, and Christianity, which had been the decisive factor in shaping the Occident. In the Renaissance, with Humanism accompanying it, the foundation was laid on which we stand – even at the close of the 20th century.

By the way: At twenty Bruno Martinazzi was studying in Florence and Rome, the great centres of the Italian Renaissance.

According to the Brockhaus Encyclopaedia (1989), humanity is defined as a »way of thinking uniting the education of the mind and the implementation of human rights. As such it is often the norm informing both relations between people and social purposive action; an attitude empathetic with and helpful to one's fellow human beings«. Consequently, humanity is an ideal in the charged field of human interrelationships and interaction, to the highest degree worthy of living and striving for, only rarely attained with consistency and, for this very reason, a goal indeed worthy of striving to attain.

Übrigens: Der zwanzigjährige Bruno Martinazzi studiert in Florenz und Rom, den großen Zentren der italienischen Renaissance.

Humanität ist in der Definition des Brockhaus (1989) eine »Bildung des Geistes und die Verwirklichung der Menschenrechte vereinigende Gesinnung, als solche häufig Norm für die Gestaltung zwischenmenschlicher Beziehungen und gesellschaftspolitischer Praxis; teilnehmende und hilfsbereite Einstellung gegenüber dem Mitmenschen«. Somit ist Humanität ein Ideal im Spannungsfeld der Menschen unter- und miteinander, in höchstem Maße lebens- und erstrebenswert, nur selten in aller Konsequenz erreichbar und gerade deshalb ein Ziel, das anzustreben lohnt.

Übrigens: Alle, die Bruno Martinazzi kennen, sind beeindruckt von seiner Menschlichkeit, von seiner Aufgeschlossenheit und der Fähigkeit, Freunde zu gewinnen und diese Freundschaften zu erfüllen. Niemand, der ihm begegnet, kann und möchte sich dieser seiner »Qualität« entziehen. Humanität – Menschenrecht und Menschenwürde sind tief in seiner

Persönlichkeit verwurzelt. In seinem künstlerischen Schaffen als Goldschmied und als Bildhauer manifestiert sich diese Lebenshaltung in der
Ehrfurcht vor dem Menschen, der Ausgangspunkt und Ziel seiner Kunst
ist. Ausdruck dieser Einstellung ist nicht zuletzt sein Engagement für
autistische Kinder in der von ihm eingerichteten »Sommerkunstschule« in
Ansedonia.

Humanities – im englischen Sprachraum kennzeichnet dieses
Wort die Geisteswissenschaften; ein weiterer Ausdruck hierfür ist
»liberal arts«. Die französische Sprache kennt die Bezeichnung
»sciences humaines«. Welch ein Zusammenklang der Begriffe: Die
Geisteswissenschaften im breiten Spektrum von Religion, Philosophie, Kunst, Geschichte, Literatur und Dichtung, von Musik und
manchem anderen – in allen Bereichen jedoch direkt oder indi-
rekt dem Menschen zugeordnet – werden auch als »Künste« und
als die »menschlichen« Wissenschaften bezeichnet!

Übrigens: Bruno Martinazzi studierte nach intensiver Beschäftigung mit
der Musik an der Turiner Universität Chemie; dieses Studium schloß er
mit der Promotion ab. Der Ausbildung als Goldschmied folgten Kunststu-
dien in Florenz und Rom. Nach einem Psychologiestudium lehrte Martinazzi Kunstpsychologie an der Universität von Turin. Er interessiert sich
für Erd-, Vor- und Frühgeschichte und ist von der Kunst der Kykladen fasziniert; die geistige und künstlerische Auseinandersetzung mit dem Buche
Genesis des Alten Testaments zeugt von seinem Verhältnis zur Religion.

Weitreichende Bildung, künstlerische Kraft, vielfältige Begabung,
breitgefächerte Interessen und tiefgreifende Menschlichkeit cha-
rakterisieren Bruno Martinazzi. Ihm, einem – im besten Sinne des
Wortes – Renaissancemenschen in unserer, der Renaissance des
15. und 16. Jahrhunderts in vielem so vergleichbaren Zeit, gilt die
Freundschaft, der wir unter anderem mit einer Ausstellung und
diesem Buch Ausdruck verleihen.

*A parte: il ventenne Bruno Martinazzi studia a
Firenze e a Roma, i grandi centri della cultura
italiana rinascimentale.*

Umanità nella definizione proposta nel
Brockhaus (1989) è »la disposizione d'animo che unisce la formazione dello spirito e
la realizzazione dei diritti umani, come
tale spesso norma per l'impostazione di
relazioni interpersonali e prassi sociopoli-
tica; disposizione di comprensione e disponibilità nei confronti di altre persone«.
L'umanità è perciò un ideale in alto grado
desiderabile nel complesso campo delle
relazioni umane, raggiungibile solo di rado
in ogni sua conseguenza e proprio perciò
un fine a cui tendere.

*A parte: tutti coloro che conoscono Bruno Mar-
tinazzi rimangono impressionati dalla sua
umanità, dalla sua apertura, dalla sua capacità di guadagnarsi e di mantenere l'amicizia*

delle persone. Nessuno tra coloro che lo incontrano riesce a sottrarsi a questa sua »qualità«.
Umanità – diritti e dignità dell'uomo sono ra-
dicati profondamente nella sua personalità.
Nella sua creazione artistica di gioielliere e
scultore questa disposizione si manifesta nel rispetto dell'uomo, che è il punto di partenza e il
fine della sua arte. Espressione di ciò è, non da
ultimo, il suo impegno per i bambini autistici
realizzato nelle »scuola d'arte estiva« di Ansedonia.

Humanities – nei paesi anglofoni questo
termine indica le scienze umanistiche;
un'altra espressione è data da »liberal arts«;
la lingua francese possiede l'espressione
»sciences humaines«: che armonia di concetti! Le scienze umanistiche intese in
senso ampio e quindi religione, filosofia,
arte, storia, letteratura e poesia, musica e
alcune altre – in ogni ambito direttamente
o indirettamente associate all'uomo – vengono anche definite come »arti« e come
scienze »umane«!

*A parte: dopo essersi occupato intensamente di
musica Bruno Martinazzi studiò chimica all'Università di Torino terminando gli studi con il
dottorato. Alla formazione da gioielliere segui-
rono poi gli studi d'arte a Firenze e a Roma.
Dopo la laurea in psicologia Martinazzi inse-
gnò psicologia dell'arte all'Università di Torino.
Egli si interessa di geologia, preistoria e proto-
storia ed è affascinato dall'arte cicladica; l'interesse spirituale ed artistico per il Libro della
Genesi del Vecchio Testamento testimonia il suo
rapporto con la religione.*

By the way: Everyone who knows Bruno Martinazzi is impressed by his humanity, his open-mindedness and his ability to make friends and realize his commitment to friendship. Everyone who meets him is invariably drawn to him by this »quality« of his. Humanity, human rights and human dignity are deeply rooted in his personality. In his creative work as a goldsmith and sculptor this attitude to living manifests itself in awe of human of life, which is the source and aim of his art. An expression of this attitude is, not least, his dedication to working with autistic children in the »Summer Art School« he has established in Ansedonia.

Humanities – in the English-speaking countries this word refers to the non-scientific fields of academic endeavour; another word for them is »liberal arts«. The French term for them is »sciences humaines«. What an accord of concepts: the humanities across the spectrum of religion, philosophy, art, history, literature and poetry, music and many another – in all fields, however, directly or indirectly related to the human being – are also termed »the arts« and the »human« sciences!

By the way: After intensive studies in music, Bruno Martinazzi studied chemistry at Turin University, receiving his doctorate in this field. After training as a goldsmith, he studied art in Florence and Rome. After studies in psychology, Martinazzi taught the psychology of art at Turin University. He is interested in geography, prehistory and early history and is fascinated with Cycladic art. His intellectual and artistic preoccupation with the Old Testament book of Genesis attests to his relationship to religion.

Vast erudition and comprehensive education, creative powers, a multitude of talents, far-flung and diverse interests and profound humanity distinguish Bruno Martinazzi. With an exhibition and this book, among other things, we wish to express the friendship we feel for him, so truly a Renaissance man – in the highest sense of the word – of our Age, which in so many respects resembles the Renaissance of the 15th and 16th centuries.

Un'ampia formazione, forza artistica, doti molteplici, interessi in vari ambiti e profonda umanità caratterizzano Bruno Martinazzi. A lui, a uno degli uomini del Rinascimento del nostro tempo – nel senso più ampio del termine – paragonabile per molti aspetti a quello del XV e XVI secolo, va la nostra amicizia a cui noi diamo espressione tra altro con un mostra e con questo libro.

Martinazzi, Schöpfer des Kostbaren

Paolo Fossati

Der Bildhauer Martinazzi ist für mich herausragend: sozusagen ein Bildhauer tout court. Seine Bedeutung ist so groß, daß sein künstlerisches Schaffen und die Qualität seines Wirkens an dieser Stelle nicht noch einmal hervorgehoben werden müssen. Seinem Werk gebührt fraglos ein hoher Rang in der zeitgenössischen Kunst, ebenso bekannt – und nicht nur unter Kennern – ist seine Goldschmiedekunst.

Mir ist nicht bekannt, wieweit sich in der öffentlichen Meinung diese zwei Seiten seines Schaffens überschneiden. Für den flüchtigen Betrachter könnten es zwei Meister sein; beide Seiten dieses Schaffens sind in ihrer Qualität einzigartig; Gemeinsames und Ergänzendes läßt sich in seinem Gesamtwerk darstellen.

Seine Anerkennung bezieht er auch aus der Zuschreibung, ein »poetischer Goldschmied« und unkonventioneller Künstler zu sein, der auf die charakteristische Form der Dinge eingeht. Einerseits beläßt er sie in ihren Dimensionen, vervollständigt sie aber behutsam und mit großem ästhetischem Geschick. So ist der Goldschmied die andere Seite des Künstlers Martinazzi, der Motive und Themen bearbeitet, die nicht in den Bereich der Bildhauerei fallen; gleichwohl aber zur Skulptur gehören.

Eine Ausstellung ist eine hervorragende Gelegenheit, beide Seiten Martinazzis aufzuzeigen: die des Goldschmieds und die des vielschichtigen Künstlers.

Martinazzi arbeitet mit plastischen Details. Er legt dem Betrachter einzelne Körperpartien vor – Lippen, Nabel, Finger, Faust – oder er stellt Bilder und Formen von Maßen und Gewichten dar: das Maß von hundert Gramm, das Gewicht eines Kilogramms oder den Teil eines Meterstabes. Er isoliert diese Details nicht zufällig, sondern wählt sie wie Fragen oder Überlegungen aus: die Sensualität, die Neugierde und Überraschung, die mit der Betrachtung von Gewicht und Maß ausgelöst werden, beziehen sich nicht nur auf seelische Fragen, Gedanken und Erwartungen. Diesen Ausschnitten widmet er seine ganze Aufmerksamkeit; er erfühlt und wägt ab, fragt nach einer reicheren und komplexeren Welt, und die Antwort liegt im Inneren dieser Gewichte und Maße.

Lippen, Nabel, Finger, Faust, ebenso Maße und Gewichte, sind einzelne Objekte, die wie Fragmente wirken; sie sind aber von einem starken Skulpturwillen geprägt, der in eine bestimmte Richtung zielt. Der Bildhauer versucht nicht, die Vollkommenheit oder das Ideale einer Skulptur zu erreichen. Er arbeitet so, daß er in der

Martinazzi esecutore prezioso

Paolo Fossati

Lo scultore Martinazzi, intendo lo scultore, il plastico tout court, per dire così, è troppo noto per ripetere qui e l'elogio delle sue qualità di artista e le caratteristiche della sua attenta attività. Che la sua sia una presenza di grande significato nella plastica contemporanea è cosa nota. Così come sono ben note – e non solo fra gli addetti ai lavori – qualità e caratteristiche – della sua presenza nel settore dell'oreficeria.

Il nome di Martinazzi, cioè, maestro di materie ricche e di sofisticato valore – maestro orafo: non trovo un modo più efficace ovvero meno banale per indicare questo suo campo d'attività specifica – gode di una altrettanto consolidata fama del plastico famoso. Non so quanto nella considerazione del pubblico più vasto coincidano i due Martinazzi (due nella facile memoria dei distratti, ma uno solo nella qualità del suo lavoro). Come coincidano e si integrino affinando e rendendo ancora più incisiva la sua già notevole lezione.

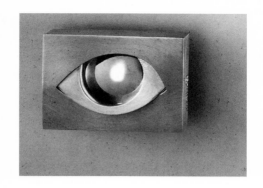

»eye|economic growth«,
1968
Brosche|spilla|brooch
Roségold, Weißgold|oro
rosa, oro bianco|pink gold,
white gold
3,2 x 4,5 cm
Danner-Stiftung,
München

Si dà il caso che le opere del Martinazzi riconosciuto come un notevolissimo perché poetico orafo cioè come un non convenzionale artista attento a soddisfare le caratteristiche immediatamente pratiche dell'oggetto, quanto a non lasciarsene prendere, completino ragionevolmente e con suggestioni altrettanto esteticamente alte il suo lavoro di scultore tra i maggiori sulla scena italiana. E lo completino proprio là dove il fervore artigiano delle sue elaborazioni meno si fa sentire, là dove più emergono ragioni di poesia, in assoluto d'arte. L'artefice delle materie preziose ben rappresenta l'altra faccia della realtà dello scultore mettendo in luce attraverso quella motivi e ragioni che non sono solo della sua ricerca di scultore ma, e più in generale, della scultura.

Una mostra antologica è un'occasione eccellente, nel rendere il giusto saluto ad un maestro dell'arte più preziosa, per riflettere sulla sua figura d'artista a tutto tondo.

Martinazzi, Creator of precious objects

Paolo Fossati

The sculptor Martinazzi is, as I see it, outstanding; as it were, the epitome of a sculptor. He is of such great importance that his creativity as an artist and the quality of his work need not be singled out for mention yet again here. Without question, his work stands on its merits as ranking high in contemporary art. As a goldsmith he is equally celebrated for his work – and not merely among connoisseurs. I do not know the extent to which these two sides of his creative work overlap in the public eye. A cursory glance might seem to indicate two masters. Both aspects of this oeuvre are of a unique standard; points they have in common and the ways in which they supplement each other are manifest throughout Martinazzi's work.

He is also famous for being a »poetic goldsmith« and an unconventional artist who goes into the form which is characteristic of things. On the one hand he leaves them on the scale they are; on the other, he completes them with the utmost care and revealing great aesthetic powers. Consequently the goldsmith is the other side of Martinazzi the artist who works on motifs and themes which are not those dealt with by sculptors yet, at the same time, do belong to sculpture. An exhibition offers an excellent opportunity to reveal both sides of Martinazzi: the goldsmith and the sophisticated artist.

Martinazzi works with sculptural detail. He presents viewers of his work with parts of the body severally: lips, navels, fingers, fists. Or he makes images and represents forms of measures and weights: the unit of measure that is one hundred grams, the weight of a kilogram, or part of a metre rule. He does not isolate these details by chance; rather he selects them like questions or reflections. The sensuousness, curiosity and astonishment which are triggered off by the observation of weight and measure not only relate to questions pondered in the soul, to thoughts and expections. He dedicates his attention unreservedly to these details. He feels and weighs up, asks about a richer and more complex world and the answer is to be found at the core of these weights and measures.

Lips, navels, fingers and fists as well as weights and measures are discrete objects that seem like fragments. They are, however, shaped by a formidable will to sculpt bent on a particular objective. The sculptor is not attempting to achieve perfection or the ideal in a sculpture. He works in such a way that he can make the power of poetic appeal manifest in the tensions governing a modelled object, a power that moulds to a unity which is nevertheless neither complete nor uniform.

16 Spannung des modellierten Gegenstandes die Kraft eines poetischen Reizes zum Vorschein bringt, die zu einer Einheit zusammenfügt, was nicht vollständig und einheitlich ist.

Von einem bestimmten Gesichtspunkt aus könnte man meinen, die Skulpturen von Martinazzi würden einem wichtigen Leitgedanken der modernen Plastik folgen. Martinazzi bevorzugt es, seine Werke in den Raum zu stellen und die Realität in Fragmenten vorzuführen. Er unterstreicht in seinem Werk ihre »Brüchigkeit« und Diskontinuität. Er isoliert ihr Bild und zeigt dadurch einen Zustand von Bruchstückhaftigkeit und Übriggebliebenem, von etwas Verlorenem oder auch Ersehntem. Dadurch betont er das Pathetische, das Relative der Gegenstände und zeigt: je größer und deutlicher, desto relativer in ihrer Unvollendung ist Atmosphäre und Ton. Martinazzi hat diese Poetik des Fragments eingesetzt, um sie umzukehren. Dies war sein Hauptbeitrag in den sechziger bis achtziger Jahren, und er hat damit ein bleibendes Zeichen gesetzt. Wenn es zunächst schien, daß er sich den zeitgenössischen Kunstrichtungen (wie Pop Art oder Concept Art) annäherte, hat er sich auch wieder von ihnen entfernt, indem er den Objekten eine Qualität gegeben hat, die nicht in eine beklemmende Gegenwart führte, sondern in ein Gebiet ungeahnter Möglichkeiten.

Anders gesagt: Martinazzi stellt in seiner Skulptur Erwartungen und Überzeugungen wie ein verlorenes Element dar, das der Skulptur wesensgleich ist. Indem er das Wesentliche der plastischen

Come ognuno sa, Martinazzi lavora plasticamente su dei particolari. Egli propone allo spettatore singole parti del corpo, le labbra l'ombelico le dita il pugno, così come mostra le immagini e le forme di misure e pesi o di strumenti di controllo lineare (la misura di un etto, il peso di un chilogrammo ovvero il metro). Isola quei particolari non per caso. Li sceglie come domande o come considerazioni: la sensualità, la curiosità, la sorpresa fanno scattare per ognuno di quegli aspetti di peso e dimensioni non solo psicologiche domande, pensieri, attese. A quei particolari dedica tutta la sua attenzione, li sente e li soppesa come questioni di un mondo più ricco e complesso implicito in quei pesi e misure ed attrazioni quanto da loro lontano.

L'operazione plastica di Martinazzi consiste in questo, che le labbra l'ombelico le dita il pugno, così come metri o pesi, ce li rende sì come oggetti ciascuno a sé stanti, come parti, come frammenti. Ma ce li rende tesi e resi densi di una volontà di scultura che procede in una direzione determinata. Lo scultore non cerca di captare e far vibrare oltre il limite della cosa scolpita, sagomata, posata nello spazio il completamento e l'integrazione fatalmente astratta, ideale della scultura. Ha preferito

»bocca«, 1987
Ring|anello|ring
Silber|argento|
silver
5,4 × 7,1 × 1,4 cm

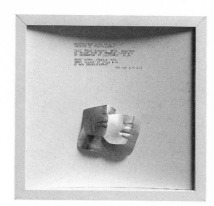

»Adamo e Eva«
(Kat. Nr. 98)

lavorare mettendo in evidenza nella tensione dell'oggetto scolpito una forza di suggestione poetica che conduce a completezza e totalità ciò che non è né completo né totale.

Da un certo angolo visuale la scultura di Martinazzi sembrerebbe non fare altro che percorrere uno dei motivi salienti della plastica moderna. La quale ama particolarmente insediare nello spazio ed esibire la realtà in frammenti, e si dà come compito quello, sottolineandone rottura e discontinuità, con lo isolarne e mostrarne l'immagine che si dilata pur non riuscendo a superare la condizione, la pateticità, d'esser frantume e residuato di un tutto perduto o semplicemente desiderato. E esaspera così la pateticità, la relatività degli oggetti che mostra: tanto più ampi, tanto più invadenti e pesanti quanto più relativa alla loro incompletezza ne è l'atmosfera ed il tono. Martinazzi questa poetica del frammento l'ha costeggiata, ma lo ha fatto per rovesciarla. E' stato il suo apporto più consistente negli anni Sessanta-Ottanta, e vi ha lasciato un segno duraturo. Dove più sembrava avvicinarsi ad una oggettualità o

Viewing Martinazzi's works of sculpture from one standpoint, one might think they follow an important principle informing modern sculpture. Martinazzi prefers to place his works in space and present reality in fragments. In his work he underscores their being »fractured« and discontinuous. He isolates their image, thus revealing a state of being which is fragmented and left over, something lost or even longed for. In this way he emphasizes the pathos, the relativity of objects and demonstrates that, the larger and more distinct they are, the more relative are atmosphere and tone in their state of imperfection. Martinazzi has deployed this poetic aspect of the fragmentary in order to reverse it. This was his main contribution from the 1960s to the 1980s and with it he has made a lasting mark. Even though it at first seemed that he was approaching contemporary movements in art (like Pop Art or Concept Art), he distanced himself from them by giving objects a quality which did not lead to the constraints imposed by the present but rather to the territory of undreamt-of possibilities.

In other words, Martinazzi represents in his sculpture expectations and convictions like a lost element which is ontologically like sculpture. In emphasizing the essentials of plastic properties, the material chosen, the precision of the design, the suggestivity of the fascinating result, the artist seeks to remove everything from the fragment which forces it to be merely part of a whole, a fraction or a detail. With material, design and what ultimately results he adds what is essential to the object so that a form can be realized which does not remain fragmentary but represents a whole.

Let us now take a look at his jewellery, which is being exhibited here. It has already been said that his pieces are not merely outstanding works presented by a sculptor who has gone into goldsmithing. That this is so can also be seen in the way unexpected details emerge in his projects and in the execution of his jewellery. What is original about them is that this quality results from the profound concentration which Martinazzi devotes to particular intentions and processes in his work. Precision and technique, sensitive use of materials and curiosity about how they might ultimately be expressed thus become facts in their own right, moments of poetic intuition.

It is easy to contend that gold, fire or the gouge impart their symbolic properties to the works. It is nonetheless remarkable how the processes by which figures are created with gold, fire and the gouge become manifest in these pieces of jewellery. In them Martinazzi is showing us the presence of time in his memories of ancient places, doctrines and ideas; he is showing them to us in the power to create sculpture inherent in repeatedly touching, forming, bending. It is indeed through this very staging of the materials and through technique that forms and things come into being which show that these objects are the result of outstanding craftsmanship.

Merkmale, das ausgewählte Material, die Genauigkeit des Entwurfs, die Suggestivität des faszinierenden Ergebnisses hervorhebt, will der Künstler dem Fragment alles nehmen, was es zwingt, nur ein Teil eines Ganzen zu sein, ein Bruchstück oder ein Ausschnitt. Mit Material, Entwurf und diesem letzten Resultat fügt er dem Objekt das Notwendige an, damit sich eine Form realisieren kann, die nicht fragmentarisch bleibt, sondern ein Ganzes darstellt.

Werfen wir nun einen Blick auf seinen Schmuck, der hier ausgestellt wird. Es wurde schon gesagt, daß seine Stücke nicht einfach herausragende Werke sind, die ein Bildhauer, der sich mit Goldschmiedekunst beschäftigt hat, vorstellt. Das läßt sich auch daran ablesen, wie in seinen Projekten und in der Ausführung der Schmuckstücke unerwartete Details auftreten. Das Eigenständige liegt darin, daß diese Qualität das Ergebnis einer tiefen Konzentration ist, mit der sich Martinazzi bestimmten Vorhaben und Vorgängen in seiner Arbeit widmet. Genauigkeit und Technik, sensibles Verwenden der Materialien und Neugierde auf den möglichen Ausdruck werden so zu eigenständigen Momenten, zu poetischen Intuitionen.

Es ist zu einfach zu behaupten, daß das Gold, das Feuer oder der Stichel die Werke mit den symbolischen Merkmalen ausstatten. Aber es ist bemerkenswert, wie die Prozesse, in denen mit dem Gold, dem Feuer, dem Stichel Figuren geschaffen werden, in den Schmuckstücken sichtbar werden: Martinazzi zeigt uns in ihnen die Gegenwärtigkeit der Zeit in seinem Erinnern an antike Orte, Lehren und Ideen; er zeigt sie uns in der bildnerischen Kraft, die in der Wiederholung von Berühren, Formen, Biegen liegt. Gerade durch das Inszenieren der Materialien und durch die Technik entstehen Formen und Dinge, die zeigen, daß diese Objekte Ergebnisse eines exzellenten handwerklichen Könnens sind.

lare quanto è necessario perché si realizzi una forma che non rimanda al frammento, ma sia peso e disegno e figura dell'intero.

Guardiamo ora alle sue sculture in materie preziose qui proposte. Abbiamo già detto che i suoi non sono semplicemente dei risultati eccellenti che un plastico imprestato alla gioielleria offre agli addetti ai lavori ed ai fortunati loro clienti. E questo anche se la qualità di progetto e di esecuzione dei suoi gioielli, delle sue opere è ogni volta capace di esiti sottili ed inattesi in quel settore specifico. Aggiungiamo che la novità che s'avverte sta nel fatto che quella qualità è il risultato dell'attenzione particolare che Martinazzi riserva alla messinscena di alcune intenzioni e procedimenti del suo lavoro. Preziosità e tecnica, attenta presenza dei materiali e curiosità per le possibilità espressive del mestiere vi divengono momenti ideali, intuizioni poetiche quando non dimensioni simboliche.

Che l'oro, il fuoco, il cesello si prestino a fornire connotati simbolici alle opere plastiche è perfino troppo facile dire. Ma è inatteso e significativo come quei procedimenti che divengono figure attraverso l'oro, il fuoco, il cesello significhino nei gioielli che ora Martinazzi ci mostra la presenza del tempo nella sua memoria di antica sede di pratiche e di idee, la durata della saggezza chiamata a disegnare e raffigurare, la forza plastica della ripetizione del gesto che accarezza, plasma, piega.

pop o concettuale, dalle formule di stagione è uscito mostrando nell'oggetto una consistenza ed una qualità che lo ponevano non come una presenza da subire ma come un territorio da percorrere con risultati inediti.

Detto in altro modo: Martinazzi riporta dentro la scultura come una deriva che le è consustanziale attese e convinzioni che gli altri si spingono a intravvedere ed a sentire fuori ed oltre. Scolpisce con un intento opposto. Caricando il particolare dei suoi connotati plastici, della materia prescelta, dell'esattezza del disegno, della suggestività del risultato affascinante, lo scultore vuole togliere al frammento quanto lo costringe ad esser parte di un tutto, rottura, castrazione. Vuole, con quel materiale, con quel disegno e quella resa ultima, aggiungere a ciò che fa dell'oggetto un partico-

In the following an important observation will be made for the benefit of visitors to the exhibition. The way in which the artist presents his work by putting it into a setting and surrounding it with philosophical texts is not a mere intellectual bonus. Nor is it a mere intellectual bonus that viewers are forced into interactive thinking in order to grasp figures and texts at the same time by virtue of the fact that visual sensitivity is here united with an intellectual approach. The underlying intention: the interplay of visual perception and intellectual suggestion in the form of words which underscore discontinuance reveals a harmony on diverse planes between fragments of differing experience. And therein lies the longed for continuity.

What is novel, and certainly charming, about these precious objects is that their sum total does not consist merely in the observation of the material. An inner movement informs each individual piece of jewellery, be it brooch, chain or ring. What I mean is that from the moment the brooch is pinned on, the chain put round one's neck or the ring round one's finger, precious objects have not been added to one's body; rather they have been internalized by it. And the person who chooses a piece of this jewellery is drawn into a circle of suggestion and thoughts. The gold for instance is not, when these pieces are worn, intended as a metaphor for colour or value, nor even as a symbol. On the contrary, the value of the materials and the execution of the pieces are perceived in the movement of form, as being from the forms themselves. They are part of a transformation. And a concept like creation – applied to work executed in material of this kind – thus attains the status of transformation and of moving the senses, which conveys feelings and harmony. Martinazzi prefers these creations to the refinements of artifice.

Executing pieces of jewellery and thus producing sculpture represent a way of revealing what is inherent in the shaping of their plasticity and what constitutes a thought process. In the pieces shown, in a little twig, a mouth, a navel or a finger, not merely pictorial translations are manifest; there are metamorphoses, transformations of forms into figures, of figures into ideas and reflections and again ideas and reflections which assume form, which return to form. Reverting to the form from which they emerged, in this form they constitute far more complex figures.

»ramo d'oro«, 1989
Halsschmuck | collana | necklace
Gelbgold, Weißgold | oro giallo, oro bianco |
yellow gold, white gold
Privatsammlung

Für den Besucher der Ausstellung soll im folgenden noch eine wichtige Bemerkung gemacht werden. Die Art, wie der Künstler seine Arbeit präsentiert, indem er sie in einen Rahmen setzt und mit philosophischen Texten umgibt, ist nicht eine intellektuelle Zugabe. Auch nicht, daß der Betrachter zu einem gedanklichen Wechselspiel gezwungen wird, um gleichzeitig Figuren und Texte zu erfassen, indem visuelle Sensibilität und ein intellektueller Ansatz vereint sind. Die tiefere Absicht dahinter: Das Spiel des Austauschs zwischen sichtbarer Wahrnehmung und gedanklicher Suggestion in Form von Worten, die die Diskontinuität unterstreichen, zeigt eine Harmonie, die auf unterschiedlichen Ebenen angesiedelt ist, zwischen Fragmenten unterschiedlicher Erfahrung. Und darin liegt die ersehnte Kontinuität.

Das Neue und sicherlich Reizvolle dieser kostbaren Objekte besteht darin, daß sie sich nicht in der Betrachtung von Körperlichkeit erschöpfen. Den einzelnen Schmuckstücken, der Brosche, der Kette oder dem Ring hat sich vielmehr eine innere Bewegung eingeprägt: ich meine damit, daß von dem Moment an, in dem die Brosche angesteckt, die Kette angelegt oder der Ring übergestreift wird, dem Körper nicht Präziosen hinzugefügt werden, sie werden vielmehr von ihm verinnerlicht. Und die Person, wiederum, die das Schmuckstück wählt, wird in einen Kreislauf von Suggestion und Gedanken einbezogen. Das Gold beispielsweise ist in diesen getragenen Stücken nicht als Metapher für Farbe oder Kostbarkeit zu verstehen, auch nicht als Symbol. Die Kostbarkeit der Materialien wie ihre Ausführung wird vielmehr aufgenommen von der Bewegung der Form, von den Formen selber. Sie sind Teil einer Verwandlung. Und ein Begriff wie Schöpfung – für Arbeiten in diesem Material – erlangt dadurch eine Transformation und

Bewegung der Sinne, die Gefühle und Wohlklang vermitteln. Martinazzi zieht diese Schöpfungen dem raffiniert Artifiziellen vor.

Die Ausführung von Schmuckstücken und diese Art, Skulptur zu schaffen, sind ein Weg aufzuzeigen, was der plastischen Bearbeitung innewohnt, wie sich ein Gedankengang konstituiert. In den Stücken, die gezeigt werden, im kleinen Zweig, im Mund, im Nabel oder im Finger, sind nicht einfach bildliche Übertragungen zu sehen: Es sind Metamorphosen, Transformationen von Formen in Figuren, von Figuren in Ideen und Reflexionen, und wieder Ideen und Reflexionen, die eine Form annehmen, die zurück zur Form finden. Sie finden zu der Gestalt, aus der sie hervorgegangen sind, zurück, und in dieser Gestalt bilden sie sehr viel komplexere Figuren.

Il mettere in scena così i materiali, i modi, le tecniche ne fa dei manufatti, cioè degli oggetti, delle forme, delle cose e come fatti cioè come oggetti, forme, cose li vediamo bene incisi e raffigurati e realizzati in queste opere. Non ci vuol molto per intendere come queste azioni e manufatti non siano solo risultati di materiale maestria, non stiano solo a rappresentare eccellenti prove di mestiere.

Valga così per il visitatore di questa bella rassegna almeno una considerazione. Ed è considerazione, mi pare, non secondaria. Non è un'aggiunta intellettualistica il modo con cui lo scultore presenta i suoi lavori, inquadrandoli in apposite teche e impaginandoli accanto a passi filosofici. Non è aggiunta intellettualistica il costringere lo spettatore ad un salto logico e fisico, a vedere le figure e subito a leggere i testi, unificando nel quadrato in cui li ha accolti sensibilità visiva e riflessione verbale. E' un'indicazione più profonda: il gioco dei rimandi fra percezione visiva e suggestione del pensiero in forma di parola nella sua sottolineatura di una discontinuità parla di un flusso continuo, di un'armonia che corre tra piani diversi, fra frammenti d'esperienza variati. Ed è una continuità, così com'è un'armonia non astratta, indeterminata, sperata.

La novità più sottile, la più nuova e certamente duttile, di questi oggetti preziosi sta in un motivo francamente materiale che nella considerazione della materialità non s'esaurisce. Nel movimento che imprimono alla spilla, al collare o all'anello; dal momento che indossare la spilla, portare il collare o infilare l'anello vuol dire non aggiungere preziosità al corpo ma inserirlo, ed inserirne la persona che quei gioielli sceglie, in un circuito ricco di suggestioni e pensieri. L'oro, ad esempio, in quegli oggetti portati non sta per una metafora di colore o di preziosità, non è trattato come simbolo non suggerisce una allegorica suggestione. La preziosità dei materiali come dell'esecuzione è tutta assorbita dai gesti del plasmare, del formare. E' parte di una mutazione, conduce entro una metamorfosi sempre più impegnata ed attiva. Totalizzante. Ed un termine come esecuzione (di un figura in quei materiali) vi acquista il senso del compiere un'azione musicale, di ottenere alla sensibilità una trasformazione e movimento che da corpo e nel corpo offerto suggerisce suggestioni ed integrazioni di bella sonorità. Bada a questa esecuzione Martinazzi piuttosto che a quella di una pur scaltritissima e raffinata artigianalità.

L'esecuzione di questi gioielli, questo modo di far scultura, sono ambedue un modo di mettere in luce ciò che nella elaborazione plastica è nascosto, costituisce il filo dei pensieri, lo sforzo di unità. Non sono metafore le figure che ad ognuno è dato vedere, il rametto e le bocche, l'ombelico ed il dito: sono piuttosto metamorfosi, trasformazioni delle forme in figure, delle figure in idee e riflessioni, ed idee e riflessioni che prendono forma, che ritrovano le forme. Perché ritornano alle immagini da cui son mosse, dai particolari del corpo in movimento, dalla sorpresa della presenza delle attrazioni e dei pesi, ed in quelle immagini compongono figure estremamente più sottili e felicemente più complesse.

Briefe
Einführung

Nicht immer ist es leicht, gedankliche Vorgänge nachzuvollziehen, die sich in einem so gleitenden und nur schwer beschreibbaren Erfahrungsbereich wie der Kunst bewegen. Deshalb sind die Briefe von Bruno Martinazzi an seinen Freund, den österreichischen Anwalt Karl Bollmann, ein wichtiges Dokument. Martinazzi spricht in diesen Briefen in schlichten Worten vom langsamen Entstehen neuer Formen, von Geistesblitzen und Überlegungen, denen eine kreative Handlung folgt.

Die beiden Freunde treffen und schreiben sich periodisch, um ihre Ideen zu erörtern. Es handelt sich dabei um leidenschaftliche theoretische Exkursionen, die schrittweise zu konkreteren Überlegungen führen, um Momente aus dem familiären Leben und dem Urlaub, um Notizen des alltäglichen Lebens. Der intellektuelle Diskurs spielt sich in den 90er Jahren ab und steht vor dem politischen und sozialen Hintergrund eines neuen vereinten Europas, einer Realität, die noch in einer Entwicklung begriffen ist und Vergleiche zwischen unterschiedlichen Nationen und Kulturen ermöglicht.

Die Beziehung zwischen Martinazzi und Bollmann ist nicht allein freundschaftlicher Art, sie ist auch ein »theoretisches Bündnis«. Martinazzi, der eine naturwissenschaftliche Ausbildung hat, fühlt sich stark von philosophischen Spekulationen angezogen und traut dem Freund eine spezifische Kompetenz auf diesem Feld zu. Durch eine Serie von Verknüpfungen und terminologischen »Bündnissen« schaffen sie gemeinsam eine gedankliche Einheit in Richtung jener Wahrheit, die sie suchen.

Es wird deutlich, wie die Überlegungen Martinazzis durch Bollmann Ansporn erhalten. Die Neigung Bollmanns zu philosophischen Studien schlägt sich besonders fruchtbar in der Begegnung mit der geradezu träumerischen Kunst Martinazzis nieder.

Lettere

Introduzione

Non è sempre dato di seguire i processi mentali che conducono ad un'area di esperienza particolarmente sfuggente e ineffabile come quella dell'arte. Per questo le lettere indirizzate da Bruno Martinazzi all'amico avvocato austriaco Karl Bollmann sono un documento importante. In queste lettere Bruno Martinazzi parla con semplicità del lento emergere di nuove forme, delle folgorazioni e della riflessione che segue l'atto creativo.

I due amici si incontrano e si scrivono periodicamente per discutere le loro idee, appassionate escursioni teoriche che lasciano gradualmente il posto a considerazioni più concrete, a momenti di vita famigliare e di vacanza, a minute notizie quotidiane.

Il percorso intellettuale si svolge negli anni novanta e si colloca naturalmente sullo sfondo politico e sociale della nuova Europa Unita, realtà che sta nascendo e formandosi come confronto tra nazioni e culture diverse.

L'alleanza tra Martinazzi e Bollmann non è solo una relazione amicale, è un'alleanza teoretica. Martinazzi, che ha una formazione scientifica, é fortemente attratto dalla speculazione filosofica e affida all'amico una competenza specifica in questo campo per comporre insieme, attraverso una serie di nessi, di alleanze concettuali e confusioni terminologiche, una unità di pensiero verso quelle »verità« che va cercando. È chiaro come Bruno Martinazzi trovi in Karl Bollmann nuovi stimoli per approfondire la sua riflessione. La vocazione di Bollmann per gli studi filosofici si dimostra particolarmente fruttuosa nell'incontro con l'arte quasi inconsapevole e sognante di Martinazzi.

Il carteggio che presentiamo contiene una scelta di sei lettere, dal 1994 al 1995, in ordine cronologico, che appartengono ad una più ampia raccolta di scritti e di altre corrispondenze che iniziano nel 1991. Queste sei lettere testimoniano come si sviluppa la riflessione sull'arte svelandone le motivazioni: amore per la bellezza e per il sublime come via alla verità.

I due amici nella corrispondenza usano una mescolanza di lingue che caratterizza anche la loro comunicazione verbale. Karl Bollmann parla e scrive usando la lingua inglese, che non è la sua, intercalando con frasi in italiano e in tedesco. Bruno Martinazzi, che abitualmente si rivolge all'amico parlando francese e inglese, quando scrive usa sempre l'italiano, lingua che l'amico comprende ma non scrive.

24

Der folgende Briefwechsel umfaßt eine Auswahl von sechs Briefen aus den Jahren 1994 und 1995 (in chronologischer Reihenfolge), die zu einer größeren Sammlung von Schriften seit 1991 gehören. Diese sechs Briefe bezeugen, wie sich die Überlegungen zur Kunst entwickeln, indem sie die Motivation enthüllen: die Liebe für das Schöne und das Erhabene als Weg zur Wahrheit.

Ihre Korrespondenz – ebenso wie ihre verbale Kommunikation – betreiben die zwei Freunde in einem Gemisch der Sprachen. Bollmann spricht und schreibt Englisch, was nicht seine Muttersprache ist, mit deutschen und italienischen Redewendungen. Martinazzi unterhält sich mit ihm zwar auf Französisch oder Englisch, schreibt aber ausschließlich Italienisch, das der Freund versteht, aber nicht schreibt.

Die menschliche Wärme, die aus den Briefen hervorgeht, der Enthusiasmus und die Fähigkeit zu kommunizieren und an dem Experiment der Kunst teilzunehmen, wird durch die Verwendung unterschiedlicher Sprachen noch verstärkt. Der Briefwechsel wurde hier vollständig publiziert, mit Ausnahme von einigen theoretischen Teilen, die sich wiederholen und die weggelassen wurden, um die Lektüre zu erleichtern.

Der briefliche Dialog liest sich fast wie ein Familienroman: Kinder, Ehefrauen, Geschwister und Freunde sind die Personen, die Brief für Brief auftauchen, ebenso wie kurze Andeutungen, die ein Geflecht von Beziehungen, Anlässen und Gefühlen darstellen, das nicht nur dem großen Abenteuer der Kunst, sondern der ganzen menschlichen Existenz einen Sinn gibt.

Carla Gallo Barbisio
Turin, Juni 1997

Letters

Introduction

It is not always easy to follow thought processes which move in such slippery and incomprehensible fields of experience as art. Therefore Bruno Martinazzi's letters to his friend, the Austrian lawyer Karl Bollmann, are an important document. In these letters Martinazzi speaks in simple terms of the gradual emergence of new forms, of the sudden flashes of inspiration and reflections on which a creative act follows.

The two friends met and wrote to each other periodically to express their ideas. These communications are passionate excursions into theory leading step by step to more specific observations on moments of family life and holidays, notes from everyday living. The intellectual discourse is played against the political and social 1990s backdrop of a newly united Europe, a reality which, still evolving, makes comparisons between different nations and culture possible.

The relationship between Martinazzi and Bollmann is not just a friendship; it is also a »theoretical alliance«. Martinazzi, who was educated in the natural sciences, is strongly attracted to philosophical speculation and attributes a high degree of competence in this field to his friend. Through a series of associative links and terminological »alliances« they have together achieved a unity of thought tending in the direction of the truth they are seeking.

It becomes clear how Martinazzi's reflections have been spurred on by Bollmann. Bollmann's inclination to philosophical studies has come to particularly abundant fruition through the encounter with Martinazzi's really dream-like work.

The correspondence which follows comprises a selection of six letters written in 1994 and 1995 (in chronological order) which belong to a larger collection of writings beginning in 1991.

These six letters bear witness to how thoughts on art evolve by revealing the underlying motivation: love for the beautiful and sublime as the way to truth.

The two friends carry on their correspondence – like their conversations – in a mix of languages. Bollmann speaks and writes English, which is not his mother tongue, interspersed with German and Italian expressions. Martinazzi converses with him in French or English but writes to him only in Italian, which his friend understands but does not write.

The warmth and humanity which these letters radiate, the enthusiasm and ability to communicate and participate in the experiment that is art, are enhanced by the use of different languages. The letters are here published in entirety with the exception of some theoretical passages which are repetitive and were left out to make reading the letters easier.

The dialogue carried on in the letters reads almost like a novel chronicling family history: children, wives, brothers and sisters and friends are the dramatis personae peopling each of the letters, which are also alive with brief allusions indicating a web of relationships, occasions and feelings giving meaning not only to the great adventure of art but to all human existence.

Carla Gallo Barbisio
Turin, June 1997

Il calore umano, l'entusiasmo, il desiderio e la capacità di comunicare e di partecipare l'esperienza dell'arte emergono con forza attraverso l'uso delle diverse lingue nel carteggio che pubblichiamo integralmente, fatta eccezione di alcune parti teoriche che si ripetono che sono state omesse per rendere più scorrevole la lettura. Il dialogo epistolare è quasi un romanzo famigliare: figli, mogli, fratelli, amici sono le persone che emergono, lettera per lettera, brevi cenni che costituiscono un insieme di riferimenti, di ragioni e di affetti che danno significato e senso non solo alla grande avventura dell'arte ma a tutta l'umana esistenza.

Carla Gallo Barbisio
Torino, giugno 1997

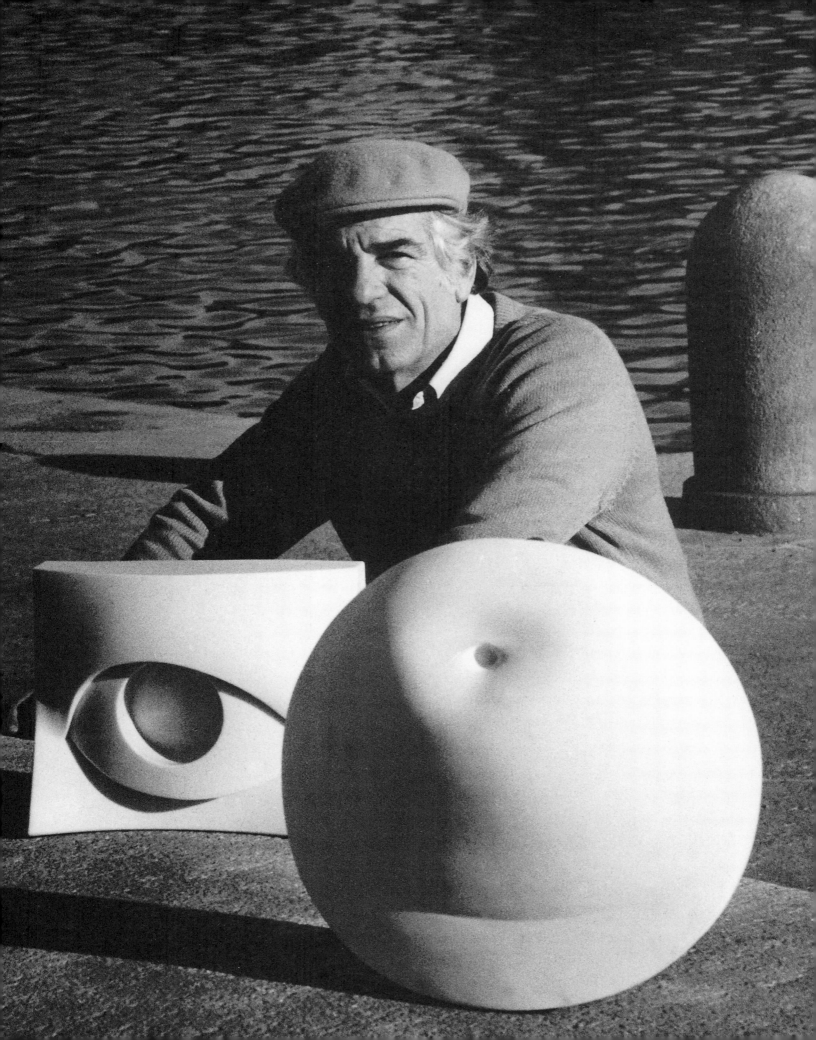

Aus dem Briefwechsel zwischen Karl Bollmann und Bruno Martinazzi (1994–1995)

Wien, 26. August 1994

Hochgeschätzte Professoren,
liebe Carla, lieber Bruno!

In Ansedonia gewesen zu sein, ist »una cosa bella« *[ein schönes Ding]*, nicht nur »una rappresentazione bella« *[eine schöne Vorstellung von einem Dinge]*. Es bedeutet Lebensfreude, das Erhabene der Natur zu fühlen und mit gelehrten und wohlwollenden Freunden wie Euch Gespräche zu führen. Reversibilità *[Umkehrbarkeit, Umkehrfähigkeit]* sollte zur Souveränität führen.
Heidi und ich danken Euch sehr für die schönen Tage in Ansedonia.
[...]
Auf unserem Rückweg sind wir eine Nacht in Udine geblieben. Ich konnte der Versuchung nicht widerstehen, in eine Buchhandlung zu gehen. Critica del Giudizio (Biblioteca Universale Laterza 58, quarta edizione 1989) *[Kritik der Urteilskraft]* war im Regal.
[...]
Kant sagt, daß sich das Erhabene vom Schönen unterscheidet. Das wird in der Zwischenzeit sehr in Frage gestellt. Kant, der Königsberg niemals verlassen hat, war sicher kein Bergsteiger. Trotzdem dürfte das, was er über das Erhabene zu sagen hat, gerade für diese Art von Naturerfahrung von Interesse sein. Ich schließe daher »Analitica del sublime« *[Analytik des Erhabenen]* an (§§ 23–29, osservazione generale sull' esposizione dei giudizi estetici riflettenti) *[allgemeine Anmerkung zur Exposition der ästhetischen reflektierenden Urteile, Seiten 91–134]*.
Vielleicht bereitet Dir, Bruno, § 26 Vergnügen (»Ogni valutazione della Grandezza degli oggetti naturali è in ultima analisi estetica«) *[Alle Größenschätzung der Gegenstände der Natur ist zuletzt ästhetisch]*.
Kant sagt, daß seine Untersuchungen nicht die Bildung und Kultur des Geschmackes bezwecken (denn dies wird auch ohne alle solche Nachforschung, wie bisher, so fernerhin seinen Gang nehmen). Seine Absichten sind bloß auf die Erklärung der transzendentalen Prinzipien gerichtet. Daher werden

– die Bildung und die Kultur des Geschmackes und
– sensus communis (§ 40)

nicht spezifiziert. Der nichttranszendentale Teil der Kunst muß offensichtlich durch Wissenschaften aufgefüllt werden, vor allem Psychologie. C.G. Jung dürfte wesentlich sein. Könntest Du mir eine Anleitung geben, wo ich beginnen soll?
Vielleicht ist die Ontologie der Kunst (Kant) für Dich nicht von besonderem Interesse, weil Du fühlst und weißt, was Kunst ist.
[...]
Bitte erfreut Euch am 30. August am Vin Nobile di Montepulciano. Habt Ihr ein Krapfen-encore probiert? Der September wird schön sein in Ansedonia.
Bitte grüßt Peter und Paola von Heidi und mir.

Karl

Dalla corrispondenza epistolare tra Karl Bollmann e Bruno Martinazzi (1994–1995)

Vienna, 26 agosto 1994

Egregi Professori,
cara Carla, caro Bruno,

Essere stato ad Ansedonia è »una cosa bella«, non solo una rappresentazione bella«. Sentire ciò che di sublime vi è nella natura e conversare con amici dotti e benevoli come voi vuol dire gioia di vivere. La reversibilità dovrebbe condurre alla sovranità.
Tante grazie da parte mia e di Heidi per i bei giorni passati ad Ansedonia.
[...]
Sulla via del ritorno ci siamo fermati una notte a Udine. Non sono riuscito a resistere alla tentazione di andare in libreria. Sullo scaffale c'era la Critica del Giudizio (Biblioteca Universale Laterza 58, quarta edizione 1989).
[...]
Kant dice che il sublime si differenzia dal bello. Nel frattempo questo viene messo in discussione. Non essendosi mai allontanato da Königsberg, sicuramente Kant non era uno scalatore. Eppure probabilmente ciò che egli ha da dire sul sublime è interessante proprio in relazione a questo tipo di esperienza della natura. Pertanto accludo l' »Analitica del sublime« (§§ 23–29, osser-

vazione generale sull'esposizione dei giudizi estetici riflettenti, pp. 91–134).

Forse a te, Bruno, farà piacere il paragrafo 26 (»Ogni valutazione della grandezza degli oggetti naturali è in ultima analisi estetica«).

Kant dice che lo scopo delle sue ricerche non è formare e coltivare il gusto, poiché ciò avverrà comunque, come è stato sino a questo momento, al di là di tutte queste indagini. Egli è mosso solamente dall'intenzione di spiegare i principi trascendentali. Per questa ragione

– il modo di formare e coltivare il gusto e
– il »sensus communis« (§40)

non vengono specificati. Evidentemente la parte non trascendentale dell'arte deve essere integrata dalle scienze, soprattutto dalla psicologia. Pare che C. G. Jung sia essenziale. Mi potresti indicare da dove iniziare?

Forse l'ontologia dell'arte (Kant) non ti interessa partcolamente dal momento che tu senti e sai che cos'è l'arte.

[...]

Godetevi il Vin Nobile di Montepulciano il 30 agosto.

Avete assaggiato un Krapfen-encore? A settembre sarà bello ad Ansedonia.

Saluti a Peter e Paola da parte mia e di Heidi.

Karl

From the correspondence between Karl Bollmann and Bruno Martinazzi (1994–1995)

Vienna, August 26th, 1994

Egregi Professori,
Dear Carla, Dear Bruno,

To have been in Ansedonia is »una cosa bella«, not only una »rappresentazione bella«. It means joy of life to feel sublime nature and to discuss with so learned and well-meaning friends as you. Reversibilità [Reversibility] should bring sovereignty.

Heidi and I thank you very much for the beautiful days in Ansedonia.

[...]

On our way back we stayed a night in Udine. I could not resist the temptation to visit a book shop. Critica del Giudizio (Biblioteca Universale Laterza 58, quarta edizione 1989) was on the shelf.

[...]

Kant says that the sublime differs from the beautiful. This is very much in question in the meantime. Kant, who never left Königsberg, certainly was not a mountain climber. Nevertheless, what he has to say about the sublime seems to be interesting in regard of this special experience of nature. So I enclose »Analitica del sublime« (§ 23–29, osservazione generale sull'esposizione dei giudizi estetici riflettenti, page 91–134).

Perhaps you, Bruno, find some pleasure in § 26 (»Ogni valutazione della grandezza degli oggetti naturali è in ultima analisi estetica«).

Kant says, that his research is not meant to form and cultivate taste; this will go on, like so far, without such explorations, his intentions being merely the explanation of the transcendental principles.

Therefore the contents of:

– the formation and culture of taste, and
– sensus communis (§ 40)

are not specified. The non-transcendental part of art obviously has to be filled up by sciences, especially psychology. C.G. Jung seems to be essential. Could you point out to me where to start?

Perhaps ontology of art (Kant) is not of special interest for you since you feel and know what art is.

[...]

Please enjoy Vin Nobile di Montepulciano on August 30.

Did you try a Krapfen-encore? September will be fine in Ansedonia.

Please give Heidi's and my greetings to Peter and Paola.

Karl

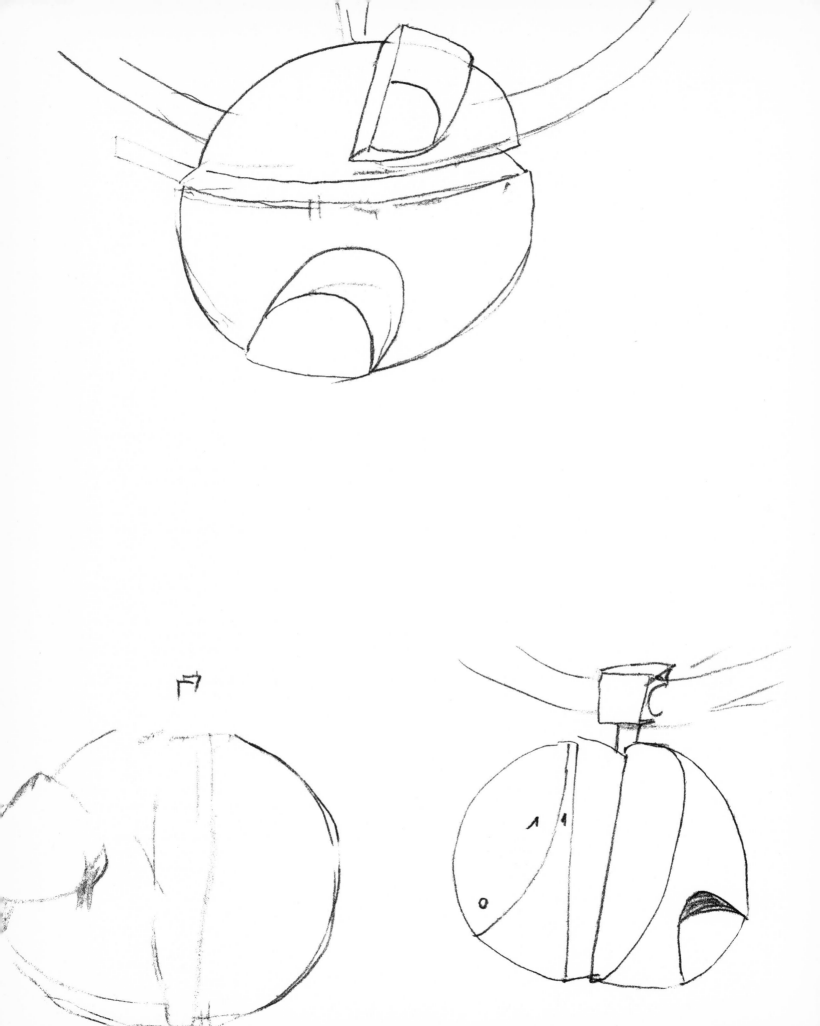

Ansedonia, 11.9.94

Lieber Karl!

welche Freude, Deinen Brief zu erhalten!
[...]
Ich glaube, daß Du in Wien einen schönen Geburtstag verbracht hast, während wir hier auf Deine Gesundheit mit Vin Nobile di Montepulciano angestoßen haben. Dein Brief behandelt interessante Themen und daher beginne ich mit dem Anfang: »In principio era la forza«, das ist die italienische Übersetzung von »Im Anfang war die Kraft«.
[...]
Ich bin sehr daran interessiert, was Du schreibst, und habe vor, mich mit Kants Gedanken zu den Themen, auf die Du hinweist, eingehend zu befassen. Du schreibst, ich wisse, was Kunst sei, weil ich sie schaffe. Ja, ich versuche, Kunst zu schaffen, aber wenn ich Deine Frage »was ist Kunst« auf Anhieb beantworten soll, fällt mir die Antwort schwer: ich werde es allerdings trotzdem versuchen. Ich mache mir oft Gedanken über die Frage nach dem Sinn (meaning) meines Tuns, meiner Tätigkeit, Kunst zu schaffen. Es scheint, daß mein künstlerisches Schaffen in eine bestimmte Richtung geht, nämlich zu versuchen, dem Einzelnen Vollständigkeit (im Sinne von Ganzheit, d.Ü.) zu verleihen, vom »Partiellen« *[parziale]* das Nötige zu entfernen oder es hinzuzufügen, damit eine Form entsteht, die nicht mehr auf das »Fragment« *[frammento],* auf den »Teil« *[parte]* verweist, sondern das »Ganze« *[intero]* zu evozieren vermag. Von diesem Schaffen glaube ich, daß es einen ethischen Wert hat, ich denke, es ist ein Appell an das »Ganze« *[totalità]* (kann ich sagen: an das Transzendente?). Ich befinde mich im Bereich des Unverletzlichen, des Unantastbaren, des Unermeßlichen und gleichzeitig im Bereich des Meßbaren, des Vergänglichen, des Partiell-Antastbaren. Es ist, als ob mein Bewußtsein sich in einem Niemandsland zwischen Endlichkeitserfahrung und Anschauung des Ganzen befände, man könnte behaupten, zwischen Gott und dem Menschen, an einem Ort ohne räumliche und zeitliche Koordinaten und ohne Identität.

Ansedonia, 11 | 9 | 94

Caro Karl,

che piacere ricevere la tua lettera!
[...]
Penso che tu abbia passato un buon compleanno a Vienna mentre noi qui abbiamo brindato alla tua salute col vino Nobile di Montepulciano. La tua lettera tratta argomenti interessanti e così incomincio dal principio: »In principio era la forza« questa è la traduzione italiana di »Anfang war die Kraft«.
[...]
Sono molto interessato a quello che dici e approfondirò il pensiero di Kant sui temi che mi indichi. Tu dici che io so cos'è l'arte perché la faccio. Sì, io cerco di fare dell'arte, ma se devo darti una risposta immediata alla domanda »cos'è l'Arte« ho difficoltà a risponderti: ma ugualmente ci provo. Molte volte mi interrogo sul senso (meaning) di quello che faccio, del mio lavorare per fare Arte. Sembra che il mio fare artistico proceda in una direzione determinata: cercare di dare compiutezza al particolare, togliere o aggiungere al »parziale« quanto è necessario affinché si realizzi una forma che non rimandi più al »frammento«, alla »parte«, ma sia evocativa dell'»intero«. Questo operare penso abbia una valenza etica, penso sia un appello alla »totalità« (posso dire al trascendente?). Io mi trovo dal lato dell'inviolabile, intangibile incommensurabile e contemporaneamente dal lato del misurabile, del deperibile, del parziale tangibile. È come se la mia coscienza si venisse a porre in una terra di nessuno tra esperienza di finitezza e intuizione di totalità. Si potrebbe dire tra il lato di Dio e il lato umano in un luogo senza coordinate di spazio e di tempo e senza identità.
Se poi dovessi spiegare cosa penso dicendo Dio, direi che penso a quella voce che disse ad Abramo: »cammina innanzi a me e sii perfetto« (Genesi 17,1). Dio è colui che assegna all'uomo il compito di trasformarsi passando dalla »natura« all'»umano«, dalla incompiutezza dell'essere imperfetto alla compiutezza del »sii perfetto«.

Wenn ich dann erklären sollte, woran ich denke, wenn ich »Gott« sage, würde ich sagen: ich denke an jene Stimme, die Abraham sagte: »Geh deinen Weg vor mir, und sei rechtschaffen« (Genesis 17,1) *[Cammina innanzi a me e sii perfetto]*. Gott ist derjenige, der dem Menschen die Aufgabe erteilt, sich zu verwandeln, indem dieser von der »Natur« *[natura]* ins »Menschliche« *[umano]*, von der Unvollkommenheit des Seins in die Vollkommenheit des »sei rechtschaffen« *[sii perfetto]* übergeht.

Dieser ständige Übergang erfolgt immer durch die Erkenntnis. Erkennen = sich verwandeln. Die Erkenntnis geht viele verschiedene Wege, und Kunst ist eine davon.

Es gefällt mir sehr, was Kant über die Dichtkunst schreibt:

»Sie erweitert das Gemüt dadurch, daß sie die Einbildungskraft in Freiheit setzt [...]. Sie stärkt das Gemüt, in dem sie es [...] sein Vermögen fühlen läßt, die Natur [...] zu beurteilen [...] und sie also zum Behuf und gleichsam zum Schema des Übersinnlichen zu gebrauchen.« (§ 53, Kritik der Urteilskraft) Mein künstlerisches Schaffen ist, glaube ich, eine Suche nach Formen, um sie dann »zum Behuf des Übersinnlichen zu gebrauchen« *[usare al servigio del soprasensibile]*.

Uns allen geht es gut, wir haben mit Peter zusammen noch Krapfen gegessen und oft gebadet.

Ich arbeite gut, ich habe den Entwurf zu vielen Goldarbeiten beendet, mit denen ich anfangen werde, sobald ich nach Turin zurückgekehrt bin. Es sind Werke, die das Thema von Narziss weiterentwickeln, mit dem ich mich zur Zeit auseinandersetze. In der mythischen Erzählung von Narziss ist der Spiegel ein wesentlicher Gegenstand (Ovid, Metamorphosen III, 407). Du weißt, daß die Wörter Reflexion *[riflessione]* und Spekulation *[speculazione]* die Tätigkeiten des Geistes im Erkenntnisprozeß bezeichnen, und daß sie auf die Erfahrung des Spiegels zurückgehen. Indem Narziss sich spiegelt, spaltet er sich, und zwei Wirklichkeiten bieten

Questo passaggio continuo avviene sempre per mezzo della conoscenza. Conoscere = trasformarsi. Il conoscere va per molte strade e l'Arte è una di queste.

Mi piace molto quello che dice Kant sulla Poesia:

»Allarga l'anima mettendo l'immaginazione in libertà [...]. Essa fortifica l'animo facendogli sentire quella sua facoltà [...] con la quale considera e giudica la natura [...] e l'usa in servigio del soprasensibile, quasi come uno schema di questo« (§ 53, Kritik der Urteilskraft). Il mio fare artistico credo che sia il cercare forme da »usare al servigio del soprasensibile«.

Noi stiamo tutti bene e abbiamo ancora mangiato Krapfen insieme a Peter e fatto molti bagni.

Io lavoro bene e ho completato il progetto di molti lavori in oro che inizierò appena tornato a Torino. Sono opere che continuano a sviluppare il tema di Narciso che in questo periodo occupa la mia mente. Nel racconto mitico di Narciso lo specchio è un oggetto essenziale (Ovidio, Metamorfosi III, 407). Tu sai che le parole riflessione e speculazione indicano gli atti della mente nel processo della conoscenza e derivano dall'esperienza dello specchio. Narciso rispecchiandosi si scinde e due realtà gli si presentano contemporaneamente. È a questo punto che si gioca la scelta tra la strada del conoscere e trasformarsi e la via del ripiegamento che diventa attività senza scopo che si consuma in se stessa. L'immagine virtuale prodotta dallo specchio è per capire che oltre la realtà apparente vi è un'altra realtà i cui oggetti sono quelli della riflessione, della speculazione, del pensiero che si fa autocoscienza. Non si possono confondere gli oggetti delle due realtà. E neppure, come Narciso, cercare di riunire le due realtà senza operare la trasformazione conoscitiva. Senza conoscenza c'è regressione e Narciso ritorna »natura« diventa un fiore ed esce così dal racconto »umano«.

Non so se uso tutti i termini in modo corretto, spero però di essere comprensibile. Credo che oggi in arte sia più utile la filosofia che non la psicologia.

Le mie foto dell'orgia dei Krapfen penso ti rallegreranno.

A te e a Heidi i miei saluti affettuosi insieme a quelli di Carla, Paola e Peter.

Bruno

Dear Karl,

What a joy to get your letter!

[...]

I believe you were having a great birthday in Vienna while we drank to your health here with Vin Nobile di Montepulciano. Your letter deals with interesting subjects and that's why I'm starting right off with the beginning: »In principio era la forza«, which is the Italian translation of »In the beginning was the power«.

[...]

I'm very interested in what you write and am planning to go into Kant's thinking thoroughly on the subjects you point out to me. You write I know what art is because I create it. Yes, I try to create art but if I were to answer your question »what is art« straight off, I'd have trouble finding an answer: I'll give it a try anyway.

I often mull over the question of the meaning of what I'm doing, of my work of creating art. It seems as if my creativity is going in a particular direction, namely toward an attempt to give the particular completeness, to remove what is necessary from the »partial« *[parziale]* or add it so that a form comes into being which no longer refers to the »fragment« *[frammento],* to the »part« *[parte],* but is able to evoke the »entirety« *[intero].* I believe that this creation has an ethical value, I think it's an appeal to »totality« *[totalità]* (can I say: to the Transcendent?). I'm in the territory of the invulnerable, the immmeasurable, and, at the same time, the measurable, the transitory, the partly-tangible. It's as if my consciousness were located in a no man's land between experiencing the finite and intuiting the whole; one could contend, between God's side and man's side, at a place without spatial and temporal coordinates and without identity.

If I were then to explain what I'm thinking of when I say »God«, I'd say: I'm thinking of that voice which said to Abraham: »walk before me and be thou upright« (Genesis 17, 1) *[Cammina innanzi a me e sii perfetto].* God it is who gives man the task of transforming himself while he is changing over from »Nature« *[natura]* to what is »human« *[umano],* from the incompleteness of being to the completeness of »being upright« *[sii perfetto].*

This continual transition always takes place through knowledge. Attaining knowledge = transforming oneself. Knowledge takes many different ways and art is one of them. I like what Kant writes on poetry:

»It expands the mind giving freedom to the imagination [...]. It invigorates the mind by letting it feel its faculty [...] of regarding and estimating nature [...] and of employing it on behalf of, and as (a) sort of schema, the supersensible.« (§ 53, Kritik der Urteilskraft) My creative work is, I believe, a search for forms to use them on behalf of the supersensible« *[usare al servigio del soprasensibile].*

We're all well, we ate »Krapfen« with Peter again and have gone swimming often.

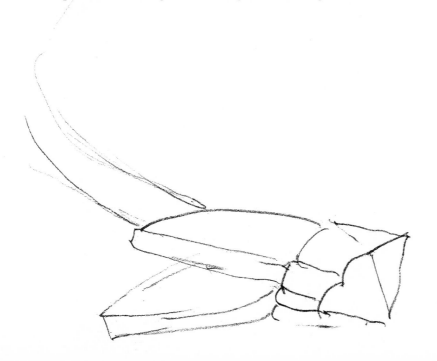
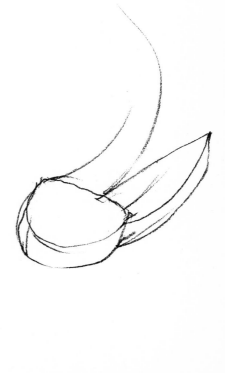

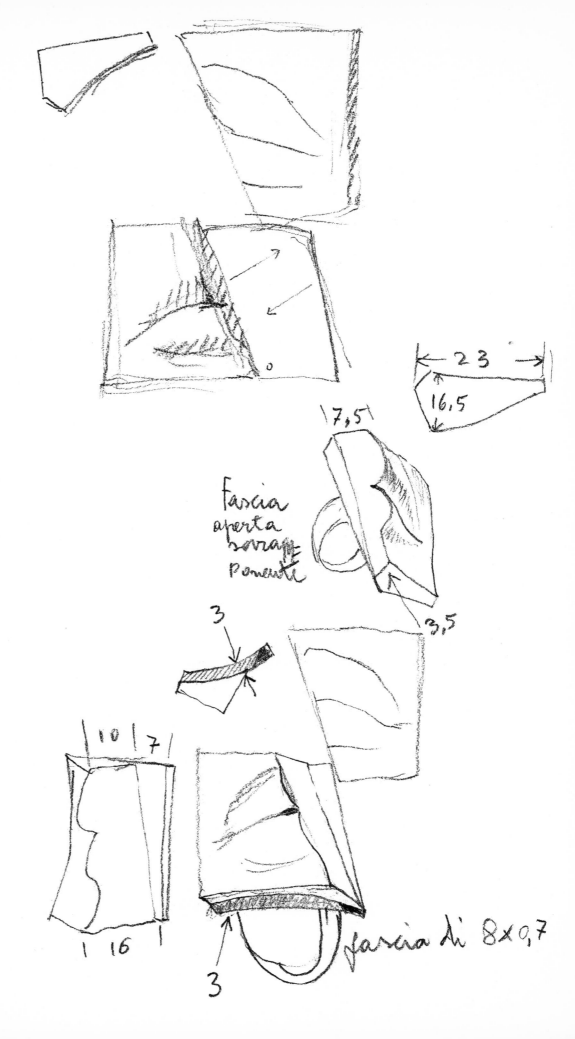

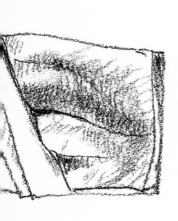

23

16,5

17,5

fascia
aperta
sovrapp
Ponente

3,5

3

10 | 7

1 16

3

fascia di 8x0,7

sich ihm gleichzeitig dar. Das ist der Zeitpunkt, an dem man vor der Wahl steht, zwischen dem Weg der Erkenntnis und der Verwandlung und dem Weg des Zurückweichens, der zur ziellosen, sich selbst aufzehrenden Tätigkeit wird. Das virtuelle, vom Spiegel erzeugte Bild führt zu der Erkenntnis, daß jenseits der Scheinwelt eine andere Wirklichkeit besteht, deren Gegenstände die der Reflexion, der Spekulation, des zum Selbstbewußtsein werdende Denkens sind. Man darf die Gegenstände aus den zwei Welten nicht durcheinanderbringen, und auch nicht, wie Narziss, versuchen, die zwei Welten zusammenzuführen, ohne die Verwandlung durch Erkenntnis zu vollziehen. Ohne Erkenntnis ist nur Regression möglich, Narziss wird wieder »Natur« [natura], er wird zur Blume und verläßt somit die »menschliche« [umano] Erzählung.

Ich weiß nicht, ob ich alle Ausdrücke korrekt gebrauche, ich hoffe aber, verständlich zu sein. Ich glaube, heute ist in der Kunst Philosophie nützlicher als Psychologie.

Du wirst Dich über meine Fotos der Krapfen-Orgie sicherlich freuen. Dir und Heidi herzliche Grüße von mir und Carla, Paola und Peter.

Bruno

I'm working well, I've finished the designs for a lot of work in gold, which I'll start on as soon as I'm back in Turin. These are works which further develop the theme of Narcissus, which I'm currently preoccupied with. In the myth of Narcissus the mirror is an essential object (Ovid, Metamorphoses III, 407). As you know, the words reflection *[reflessione]* and speculation *[speculazione]* refer to the intellectual activity in the process of attaining knowledge and go back to the experience of the mirror. Narcissus splits himself by mirroring himself and two realities are offered to him simultaneously. That is the point at which one has to choose between the way of knowledge and transformation and, on the other hand, the way of retreat, which becomes an aimless, self-destructive pursuit. The virtual image generated by the mirror leads to the realization that, beyond the world of appearances, there is another reality whose objects are those of reflection, speculation, of thinking which becomes self-awareness. One should not mix the objects from the two worlds, nor, as Narcissus did, attempt to merge the two worlds without effecting transformation through knowledge. Without knowledge only regression is possible; Narcissus becomes »Nature« *[natura],* he becomes a flower and thus drops out of the »human« *[umano]* story.

I don't know whether I'm using all the terms correctly but I hope I've made myself clear. I think philosophy is more useful than psychology in art today. You're sure to enjoy my photos of the »Krapfen« orgy.

All the best to you and Heidi from Carla and me, Paola and Peter.

Bruno

Wien, 5. Dezember 1994

Hochgeschätzter Professor,
lieber Bruno!

Über Deinem Brief habe ich viele Stunden zugebracht. Du bist beim Wesentlichen.
Ich wollte zuerst sofort antworten; aber dann war es eine Herausforderung, einen Brief zu schreiben, der zumindest die Chance hat, als Antwort genommen zu werden.
Als Du mir vor vielen Jahren Dein Buch gesendet hast, war es weder Schmuck noch Kunst, was mich unmittelbar fasziniert hat. Ich hatte das starke Gefühl, daß hier ein Mann

- seine Ideen zu Ergebnissen verwirklicht hatte
- die Notwendigkeit und moralische Verpflichtung fühlte, sich mitzuteilen (siehe CdG § 60, Seite 220).

So sind es die Teile und das Ganze (totalità), Reversibilità und Narciso, die Vorrang vor l'ipotiposi haben. Darstellung ist ein heikles und kompliziertes Problem – unlängst bin ich einem neuen Buch von mehr als 1200 Seiten mit dem Titel »Darstellung« (Esibizione) begegnet – es scheint aber wesentlich zu sein, an den Ideen zu arbeiten. Für einen Künstler Deiner Erfahrung und Fähigkeiten ist l'ipotiposi ein zweitrangiges Problem, das durch (zuviel) begriffliches Denken nicht gelöst werden muß und vielleicht auch gar nicht gelöst werden kann (CdG § 46, Seite 166, 167).
Die Kritik der ästhetischen Urteilskraft befaßt sich gar nicht mit den Themen der Kunst. Ich habe also Zweifel, ob sie überhaupt für Dich von so großem Interesse ist. Sie dürfte erstrangiger Lesestoff

Vienna, 5 dicembre 1994

Egregio Professore,
caro Bruno,

Ho passato molte ore a leggere la tua lettera. Hai toccato l'essenziale.
Dapprima volevo rispondere subito, ma poi ho colto la sfida di scrivere una lettera che abbia perlomeno la possibilità di costituire una replica.
Quando mi hai spedito il tuo libro molti anni fa, non sono stati i gioielli né l'arte ad affascinarmi immediatamente. Ho avuto la netta sensazione che ci fosse un uomo

- che aveva realizzato le proprie idee ottenendo dei risultati
- che sentiva la necessità e l'obbligo morale di comunicare (vedi CdG § 60, pg. 220).

Le parti e la totalità, la Reversibilità e Narciso sono dunque prioritari rispetto all'ipotiposi. L'esibizione è un problema delicato e complicato – recentemente mi sono imbattuto in un nuovo libro di più di 1200 pagine dal titolo »Esibizione« – tuttavia sembra fondamentale lavorare alle idee. Per un artista della tua esperienza e capacità l'ipotiposi è un problema secondario, che non deve e forse neanche può venir risolto attraverso (un eccesso di) pensiero concettuale (CdG § 46, pg. 166, 167).
La critica del giudizio estetico non tratta affatto tematiche artistiche. Ho dei dubbi sul fatto che possa essere veramente interessante per te. E' una lettura di prim'ordine per critici d'arte e persone interessate come me al pensiero sistematico. Mi ha chiarito parecchio le idee sul concetto di arte, ma niente di più.
Tu dici di trovarti contemporaneamente dal lato dell'intelligibile e dal lato del misurabile. Per quanto possa giudicare fino a questo punto (in base alla mia esperienza, scarsa e limitata), questo sembra essere il problema di tutta la filosofia.
Da un lato la sensazione, la materia, la natura come empirico necessario a essere concepito dall'intelletto [Verstand], dall'altro il soprasensibile, l'immateriale, lo spirituale, ciò che è determinato a priori, che si basa sulle tre idee della ragione pura, Dio, la Libertà, l'Immortalità [Gott, Freiheit und Seelenunsterblichkeit]. Tra le due parti si apre un abisso. Speriamo che Kant abbia ragione: la facoltà del giudizio (estetico) »rende possibile il passaggio dal dominio del concetto della natura a quello del concetto di libertà« (CdG Introduzione, II, 14, 15; IX, 37, 39).
Può darsi che quello che dici di Narciso e delle due realtà c'entri con tutto questo. Per passare da un dominio all'altro bisogna ricorrere alla facoltà di giudizio. Fai

Egregio Professore,
Dear Bruno,

Many hours I have spent over your letter. You have come to the essence.
At first I wanted to answer immediately, yet there was and is the challenge to write a letter that would at least have the chance to be taken for an answer.
When you sent me your book years ago it was neither jewellery nor art that immediately fascinated me. I had the very strong feeling that there was a man

- who had brought his ideas to results and
- felt the necessity and moral obligation to tell (see CdG § 60, p. 220).

So it is the Part and the Whole (totalità), Reversibilità and Narciso who have priority over l'ipotiposi. Esibizione is a delicate and complicated problem – I recently came across a very new book of more than 1200 pages called »Darstellung« (Esibizione) – yet it seems essential to work on the ideas. For an artist of your experience and capacity l'ipotiposi is a secondary problem that need not and probably cannot be solved by (too much) conceptional thinking (CdG § 46, p. 166, 167).
Critica del giudizio estetico does not deal at all with themes in art; so I doubt whether it is of so much interest for you. It seems to be reading matter of primary order for art critics and people interested in systematic thinking like I am; it has clarified my concept of art in a high degree, nothing more.
You indicate that you find yourself at once on the side of the intelligible and on the side of the measurable. For what I see now (under my very small and restricted experience) this seems to be the problem of all philosophy.
The sensible, material, natural, necessary empirical to be conceived by intelletto on one side, the soprasensibile, immaterial, spiritual determined a priori based on the three pure ideas of reason Dio, la Libertà e l'Immortalità on the other side. There is a big abyss entirely separating these sides. Let us hope that Kant is right: The faculty of (esthetical) judgement »rende possibile il passaggio dal dominio del concetto della natura a quello del concetto della libertà« (CdG introduzione, II, 14, 15 IX p. 37, 39).
It may be that what you say about Narciso and the two realities fits in here. It is necessary to use the power of judgement to pass from one dominion to the other. Please have in mind that Kant is using the term »conoscenza« in very restricted sense, only in connection with concepts of intellect. This seems to be all right in »Critica della Ragion Pura«, but is bringing difficulties in – much later writer – Critica del Giudizio. I prefer your use of »conoscenza«. Yet I hope to find your pardon if I enclose a passage of Critica del Giudizio« which I like very much (§ 49, p. 176, 177).
Critica del Giudizio (estetico) is only a part of Kant's philosophy. His lifelong aim was to prove that

- systematical and rational thinking has limits
- where these limits are and that
- rational thinking and religion can be reconciled. (After having drafted this letter I found a newly translated (1993) book by Carmelo Lacorte »Kant. Ancora un episodio dell'alleanza di religione e filosofia«, 1969).

Bruno, what you say about feeling beyond the coordinates of time and space is very revealing: Right now I am reading Critica della Ragion pura. According to this philosophy this would mean that you live in the dominion of ragion pura, the transcendental dominion.
In Taipei there is the world's foremost Chinese art museum. When I was there they had a special exhibition about LOHANs. They reminded me very much of you.
[...]
Heidi came across a periodical Bell' Italia (alla Scoperta del Paese più bello del mondo), Editoriale Giorgio Mondadori. There is a special »Maremma«, issued in March, 1994.
It shows a very nice picture of La Rocca di San Biagio which I think is in reality La Rocca di San Pancrazio il Vecchio. It is nice to see all those grottoes with which I got acquainted swimming behind you. Perhaps Paola will like the picture.

für Kunstkritiker und Leute sein, die wie ich am systematischen Denken interessiert sind. Sie hat meine Vorstellung vom Begriff Kunst viel klarer gemacht, aber nicht mehr.

Du legst klar, daß Du Dich gleichzeitig im Gebiet des Intelligiblen und im Gebiete des Meßbaren findest. Soweit ich dies bis jetzt (nach meiner sehr geringen und beschränkten Erfahrung) sehe, dürfte dies das Problem der gesamten Philosophie sein.

Auf der einen Seite die Empfindung, die Materie, die Natur als das notwendig Empirische, das durch »intelletto« *[Verstand]* erfahren wird, auf der anderen das Übersinnliche, Immaterielle, Geistige, a priori Bestimmte, das auf den drei Ideen der reinen Vernunft, »Dio, la Liberta, l'Immortalità« *[Gott, Freiheit und Seelenunsterblichkeit]*, basiert. Ein tiefer Abgrund klafft dazwischen. Hoffen wir, daß Kant recht hat: Die Fähigkeit der (ästhetischen) Urteilskraft »rende possibile il passaggio dal dominio del concetto della natura a quello de concetto della libertà« *[und so macht die Urteilskraft den Übergang vom Gebiete des Naturbegriffs zu dem des Freiheitsbegriffs möglich]* (CdG Introduzione, II, 14,15; IX, 37, 39).

Es kann sein, daß das, was Du über Narciso und die zwei Wirklichkeiten gesagt hast, hier paßt. Es ist notwendig, die Urteilskraft einzusetzen, um von einem Gebiet zum anderen zu gelangen. Bitte beachte, daß Kant den Begriff »Erkenntnis« in einem sehr engen Sinne verwendet, nur im Zusammenhang mit Verstandesbegriffen. Dies dürfte in der Kritik der reinen Vernunft auch korrekt sein, bringt aber in der – viel später geschriebenen – Kritik der Urteilskraft beträchtliche Schwierigkeiten. Ich ziehe Deinen Gebrauch von »conoscenza« vor. Ich hoffe, Du entschuldigst, daß ich eine Stelle der Kritik der Urteilskraft anschließe, die ich sehr gerne habe (§ 49, Seite 176, 177).

Critica del Giudizio (estetico) ist nur ein Teil der Kantischen Philosophie. Es war sein lebenslanges Anliegen vorzuführen, daß

- systematisches und rationales Denken Grenzen hat
- wo diese Grenzen sind und daß
- rationales Denken (Vernunft) und Religion miteinander versöhnt werden können.

(Nachdem ich diesen Brief entworfen habe, habe ich ein unlängst (1993) übersetztes Buch von Carmelo Lacorte gefunden: »Kant. Ancora un episodio dell' alleanza di religione e filosofia, 1969.«)

Was Du, Bruno, über die Empfindung jenseits der Koordinaten von Zeit und Raum sagst, ist sehr enthüllend: Ich lese eben die Kritik der reinen Vernunft. Nach dieser Philosophie wäre aus dem, was Du sagst, abzuleiten, daß Du im Gebiet der reinen Vernunft lebst, dem transzendentalen Gebiet.

Das umfassendste Museum für chinesische Kunst ist in Taipei. Als ich dort war, wurde eine Sonderausstellung über LOHANs gezeigt. Sie haben mich sehr an Dich erinnert.

[...]

Heidi ist auf eine Zeitschrift Bell'Italia gestoßen (alla Scoperta del Paese più bello del mondo *[Zur Entdeckung des schönsten Landes der Welt]*), Editoriale Giorgio Mondadori. Im März 1994 ist eine Sonderausgabe »Maremma« herausgekommen. Es gibt darin eine sehr gute Aufnahme von La Rocca di San Biagio. Ich glaube, diese heißt in Wirklichkeit La Rocca di San Pancrazio il Vecchio.

Es ist eine Freude, darauf alle die Grotten zu sehen, die ich hinter Dir schwimmend kennengelernt habe. Vielleicht gefällt Paola das Bild.

attenzione, Kant usa il concetto di »conoscenza« in un senso molto limitato, solo in rapporto a concetti dell'intelletto. Probabilmente ciò è corretto nella Critica della Ragion pura, ma nella Critica del Giudizio, di molto posteriore ad essa, fa insorgere notevoli difficoltà. Io preferisco l'uso che fai tu della parola »conoscenza«. Scusami se accludo un passo della Critica del Giudizio che amo molto (§ 49, pg.176, 177).

La Critica del Giudizio (estetico) è solo una parte della filosofia kantiana. Per tutta la vita egli mirò a dimostrare

- che il pensiero sistematico e razionale ha dei limiti
- dove sono questi limiti
- che il pensiero razionale (ragione) e la religione si possono conciliare (dopo aver buttato giù questa lettera, ho trovato un libro di Carmelo Lacorte tradotto di recente (1993): »Kant. Ancora un episodio dell'alleanza di religione e filosofia, 1969.«)

Bruno, quanto dici a proposito del sentirti al di là delle coordinate temporali e spaziali è molto indicativo: sto leggendo proprio ora la Critica della Ragion pura. Secondo questa filosofia da ciò che dici si potrebbe dedurre che vivi nel dominio della Ragion pura, il dominio trascendentale.

Il museo d'arte cinese con la raccolta più vasta del mondo si trova a Taipei. Quando ero lì, c'era una mostra di LOHANs. Mi ricordavano molto te.

[...]

Heidi ha trovato una rivista dal nome Bell'Italia (alla scoperta del paese più bello del mondo), Editoriale Giorgio Mondadori. Nel marzo 1994 è uscito un numero speciale sulla Maremma, contenente una foto molto bella della Rocca di San Biagio. Credo che in realtà si chiami La Rocca di San Pancrazio il Vecchio.

Che gioia rivedervi tutte le grotte che ho conosciuto seguendoti a nuoto. Forse a Paola piace la foto.

Posso azzardare un'idea sui gioielli: »La bellezza, difatti, non è un concetto dell'oggetto« *[Denn Schönheit ist kein Begriff vom Objekt, B 152]*.

Molto spesso i gioielli tradizionali non sono altro che il desiderio vano di legare la bellezza all'oggetto.

L'arte moderna ha cercato e cerca molto spesso di fare a meno del bello affidandosi semplicemente al sublime. Pare che Kant abbia vissuto nella convinzione che il sublime in arte sia sempre limitato dalla condizione imposta dall'armonia con la natura (§ 23, pg. 92, B 76); ma a me sembra ammissibile applicare tutto ciò che ha detto sul sublime della natura al sublime nell'arte moderna »nel giudicare qualcosa sublime il giudizio riferisce l'immaginazione alla ragione, per accordarla soggettivamente con le idee di questa (indeterminate), vale a dire per produrre uno stato d'animo conforme e conciliabile con quello che risulterebbe dall'influsso sull'animo di determinate idee (pratiche)« (§ 26, pg. 105, B 94, 95).

May I venture an idea on jewellery:
»La bellezza, difatti, non è un concetto dell'oggetto«.
Traditional jewellery is very often nothing but the vain desire to bind beauty to the object.
Very often modern art tries and tried to get along without the beautiful, just relying on the sublime. It seems that Kant lived under the impression that the sublime in art is always restricted to the condition of accordance with nature (§ 23 p. 92), yet I find it admissible to apply all he said about the sublime in nature on the sublime in modern art »nel giudicare qualcosa sublime il giudizio riferisce l'immaginazione alla ragione, per accordarla soggettivamente con le idee di questa (indeterminate), vale a dire per produrre uno stato di animo conforme e conciliabile con quello che risulterebbe dall'influsso sull'animo di determinate idee (pratiche)«. (§ 26, p. 105).
Yet there is danger in the sublime: You cannot ask for the consent of everybody as you can rightly in the field of the beautiful. It comes to discussions about the moral basis of the work of art. (Concepts of reason can be defended by arguments; the work of art intends to raise interest, the circle of people with experience enough to follow this is rather narrow; the danger of misunderstanding is imminent). Yet, of course, I understand very well that it is absolutely impossible to revert to the (simply) beautiful, even if it is more than the merely pleasant and the (merely) beautiful, even if it is more than the merely pleasant and the (merely) attractive. So it seems plausible when Paul Klee stated: We are not borne (carried) by any people (»Denn uns trägt kein Volk«).
Yet, of course, those who are moved by the message experience exquisite moments. To make it clear I refer to § 39, p. 148, 149.
Having read Critica del Giudizio approximately three times may I end the argument with my absolute favourite:
»Il bello ci prepara ad amar qualche cosa, anche la natura, senza interesse« (CdG § 29, p. 120).
[...]
My family shall not fail to think of you on your birthday, may I wish you all the best with the words of a poet (Giacomo Leopardi, Al Conte Carlo Pepoli, 110–119):

Ben mille volte
fortunato colui che la caduca
virtù del caro immaginar non perde
per volger d'anni: a cui serbare eterna
la gioventù del cor diedero i fati;
che nella ferma e nella stanca etade,
così come solea nell'età verde,
in suo chiuso pensier natura abbella,
morte, deserto avviva. A te conceda
tanta ventura il ciel.

> Many thousands of times
> fortunate is he who has not lost the fragile
> power of precious imaging through the years' turning:
> him the fates have let keep eternal
> the youth of the heart:
> who, in term of service and weary age,
> does still as in green youth he did,
> in his hidden thought makes nature beautiful,
> death, the desert quickens into life. To you may heaven
> grant such fate.

All the best
Karl

Darf ich eine Idee über Schmuck versuchen: »La bellezza, difatti, non è un concetto dell'oggetto« *[Denn Schönheit ist kein Begriff vom Objekt, B 152].*

Traditioneller Schmuck ist sehr häufig nichts anderes als die vergebliche Sehnsucht, Schönheit an den Gegenstand zu binden.

Sehr häufig versuchte und versucht moderne Kunst, ohne das Schöne auszukommen und sich einfach auf das Erhabene zu verlassen. Es scheint, daß Kant unter dem Eindruck gelebt hat, daß das Erhabene in der Kunst immer auf die Bedingung der Übereinstimmung mit der Natur eingeschränkt wird. (§ 23, Seite 92, B 76); ich finde es aber zulässig, alles was er über das Erhabene der Natur gesagt hat, auf das Erhabene in der modernen Kunst anzuwenden »nel giudicare qualcosa sublime il giudizio riferisce l'immaginazione alla ragione, per accordarla soggettivamente con le idee di quest (indeterminate), vale a dire per produrre uno stato di animo conforme e conciliabile con quello che risulterebbe dall'influsso sull'animo di determinate idee (pratiche)« (§ 26, Seite 105) *[... So bezieht sich dasselbe Vermögen in Beurteilung eines Dinges als erhaben auf die V e r n u n f t , um zu deren I d e e n (unbestimmt welchen) subjektiv übereinzustimmen, d. i. eine Gemütsstimmung hervorzubringen, welche derjenigen gemäß und mit ihr verträglich ist, die der Einfluß bestimmter Ideen (praktischer) auf das Gefühl bewirken würde]. [B 94, 95]*

Im Sublimen liegt jedoch Gefahr. Man kann nicht jedermann die Zustimmung ansinnen. Im Bereiche des Schönen ist das erlaubt. (Begriffe der Vernunft können durch Argumente verteidigt werden; das Kunstwerk beabsichtigt heute, Interessen zu wecken; der Kreis von Leuten, deren Erfahrung ausreicht, um dem zu folgen, ist eher eng; die Gefahr des Mißverständnisses droht). Aber ich verstehe natürlich sehr gut, daß es völlig unmöglich ist, zum (einfach) Schönen zurückzukehren, auch dann, wenn es mehr ist als das bloß Angenehme u n d das (bloß) Schöne, auch dann, wenn

Ma il sublime nasconde un pericolo. Non si può pretendere di incontrare il consenso generale. Nell'ambito del bello questo è lecito. (i concetti della ragione possono essere difesi con degli argomenti; l'opera d'arte oggi intende risvegliare l'interesse; la cerchia di persone provviste di esperienza sufficiente a osservare tutto ciò è piuttosto ristretta; incombe il pericolo dell'equivoco). Ma naturalmente capisco bene che è del tutto impossibile tornare al (semplicemente) bello, anche nel caso in cui esso sia più del solo piacevole e del (solo) bello, anche nel caso in cui esso sia di più del solo piacevole e del (solo) toccante. Sembrano così plausibili le parole di Paul Klee: »poiché nessun popolo ci sorregge«.

Ma naturalmente chi si commuove per questo messaggio vive attimi squisiti. Per chiarire ciò accludo § 39, pg. 148, 149.

Dopo aver letto la Critica del Giudizio per tre volte circa desidero concludere queste riflessioni con la mia citazione preferita in assoluto:

»Il bello ci prepara ad amar qualche cosa, anche la natura, senza interesse« (CdG § 29, pg. 120).

[...]

La mia famiglia non mancherà di pensarti per il tuo compleanno; ti giungano i miei migliori auguri con le parole di un poeta (Giacomo Leopardi, Al Conte Pepoli, 110–119):

Ben mille volte
fortunato colui che la caduca
virtù del caro immaginar non perde
per volger d'anni: a cui serbare eterna
la gioventù del cor diedero i fati;
che nella ferma e nella stanca etade,
così come solea nell'età verde,
in suo chiuso pensier natura abbella,
morte, deserto avviva. A te conceda
tanta ventura il ciel.

Con i migliori auguri
Karl

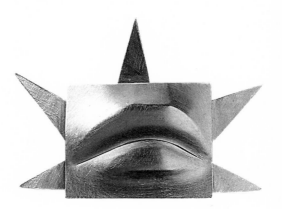

»mito«, 1992
Brosche | spilla | brooch
Gelbgold, Roségold | oro
giallo, oro rosa |
yellow gold, pink gold
5 × 6,9 × 1,5 cm

es mehr ist als das bloß Angenehme u n d das (bloß) Rührende. So scheint verständlich, daß Paul Klee sagte: »Denn uns trägt kein Volk.«
Aber wer von der Botschaft bewegt wird, erlebt natürlich exquisite Momente. Zur Verdeutlichung füge ich § 39, Seite 148, 149 bei. Nach etwa dreimaligem Lesen der Kritik der Urteilskraft möchte ich die Überlegungen mit meinem absoluten Lieblingszitat beenden:
»Il bello ci prepara ad amar qualche cosa, anche la natura, senza interesse« (CdG § 29, Seite 120. *[Das Schöne bereitet uns vor, etwas, selbst die Natur, ohne Interesse zu lieben]*.
[...]
Meine Familie wird an Deinem Geburtstag sicher an Dich denken; darf ich Dir meine besten Wünsche mit den Worten eines Dichters sagen (Giacomo Leopardi, Al Conte Carlo Pepoli, 110–119):

Ben mille volte
fortunato colui che la caduca
virtù del caro immaginar non perde
per volger d'anni: a cui serbare eterna
la gioventù del cor diedero i fati;
che nella ferma e nella stanca etade,
così come solea nell' età verde,
in suo chiuso pensier natura abbella,
morte, deserto avviva. A te conceda
tanta ventura il ciel.

    Von Moira tausendmal
    geliebt ist der, der die zerbrechliche
    Macht über die Bilder nicht verliert
    trotz des Wechsels des Jahresschritts,
    dem die Schicksalsgöttinnen zuletzt noch
    den überschäumenden Blick des Ursprungs lassen,
    der in später und müder Zeit,
    wie er es als Kind tat, im grünen Alter,
    die Welt noch als schönes Gesicht bewahrt,
    den Tod, die Wüste als Leben.
    Die Göttin lege dir dieses Glückslos auf die
    Zukunftswaage.

(übersetzt von Bettina Galvagni)

Alles Gute
Karl

Turin, 15.1.95

Die Sonne quoll hervor,
wie Ruh aus Tugend quillt
(aus: I. Kant, Kritik der Urteilskraft, Seite 176, B197)

Lieber Karl!

Dein Brief und die Critica del Giudizio (7. Auflage Laterza 1994) liegen auf meinem Tisch.
Ich glaube auch, daß das Erhabene in der Kunst (Dichtkunst, Malerei, Bildhauerei, Musik) und nicht nur in der Natur zum Ausdruck kommt. Ich denke an das Sonett von G. Leopardi »Das Unendliche« *[L'infinito]*.
Die Ausmaße der menschlichen Welt – Ausmaße ist vielleicht zuviel gesagt, eher Bilder (die Hecke, das Rascheln der Blätter, das Heute, die Süße, das Leben) – stehen dem absolut Großen gegenüber (dem letzten Horizont, der unendlichen Ruhe und dem unermeßlichen Raum, dem Tod, der Ewigkeit).
Die poetische Spannung entsteht durch die Aufeinanderfolge des Gegensatzes (»Disproportion«) zwischen Vernunft und Phantasie, durch ein »im Kontrast harmonisches Spiel« *[gioco armonico nel contrasto]; sie entsteht in einem »schnell wechselnden »Abstoßen und Anziehen« *[alternarsi rapido di ripulse e attrazioni]* über einem »Abgrund jenseits jeglicher Einbildungskraft« *[un abisso che trascende l'immaginazione]* (CdG §27, Seite 86) und scheint in die Bereitschaft des Gemüts hinauszulaufen, das »Gefühl einer Zweckmäßigkeit unabhängig von der Natur [...], das jeden Maßstab der Sinne übertrifft« zu bekommen.
In diesem Spiel tauschen Vernunft und Einbildungskraft vielleicht ihre Inhalte und ihre Funktionen/Fähigkeiten aus. Ich denke, in dieser Möglichkeit ist der Sinn (Bedeutung) von dem zu finden, was für mich »Umkehrfähigkeit« *[REVERSIBILITÀ]* ist.
Ich glaube, meine Absicht in den neuesten Arbeiten (KAOS, MYTHOS/LOGOS, REVERSIBILITÀ, NARZISS) ist, mich auf dieses das Erhabene betreffende Spiel einzulassen.
Ich bin versucht, Deinem Lieblingsgedanken »Das Schöne bereitet uns vor, etwas, selbst die Natur ohne Interesse zu lieben« eine weitere Überlegung von mir hinzuzufügen: »Das Erhabene bereitet uns vor, unsere Erkenntnis zu erweitern«.
Die Seiten der Critica del Giudizio, in denen die »Analytik des Erhabenen« entwickelt wird, sind eine Entdeckung für mich, sie führen zu Betrachtungen, die über diejenigen meines Kritikers Francesco De Bartolomeis hinausgehen, der 1976 meine Arbeit »Die Maße« mit den Worten kommentierte: »[...] Martinazzi ver-

Il sole sorgeva,
come la pace sorge dalla virtù
(I. Kant, C.d.G., pg. 176, B 197)

Caro Karl,

la tua lettera e la Critica del Giudizio (7a Edizione Laterza 1994), sono sul mio tavolo.
Credo anche io che il sublime si esprima nell'arte: poesia, pittura, scultura, musica e non solo nella natura. Penso al sonetto di G. Leopardi »L'Infinito«.
Alle misure del mondo umano, misure forse è troppo, immagini (la siepe, lo stormire di fronde, l'oggi, la dolcezza, la vita) si contrappone l'assolutamente grande (l'ultimo orizzonte, silenzio infinito e sterminato spazio, la morte, l'eternità).
La tensione poetica si determina nel susseguirsi di opposizione (»sproporzione«) tra ragione e fantasia in un »gioco armonico nel contrasto«; nell'«alternarsi rapido di ripulse e attrazioni« sopra »un abisso che trascende l'immaginazione« (C.d.G. § 27, p. 86) e sembra risolversi in una disponibilità dell'animo ad assumere il »sentimento di una finalità indipendente dalla natura [...] superiore ad ogni misura dei sensi«.
È in questo gioco che immaginazione e ragione forse si scambiano i loro contenuti o le loro funzioni/facoltà. Penso che in questa possibilità risieda il senso (significato) di ciò che per me è »reversibilità«.
Nei lavori recenti: kaos, mito/logos, reversibilità, narciso credo che l'intenzione sia sempre di pormi in questo gioco che attiene al sublime.
Sono tentato di aggiungere al tuo pensiero favorito »Il bello ci prepara ad amare qualche cosa, la natura stessa senza interesse« questa ulteriore mia riflessione: »Il sublime ci prepara ad ampliare la nostra conoscenza«.
Le pagine di Critica del Giudizio che sviluppano l'«Analitica del Sublime« sono per me una rivelazione e portano a considerazioni che vanno oltre a quelle del mio critico Francesco De Bartolomeis che nel 1976 commentava il mio lavoro »Le misure« scrivendo: »[...] Martinazzi rinuncia all'invenzione formale dello scultore, non sfida la pietra con un intento che sia solo artistico, ma rende la pietra protagonista riconoscendole la funzione di costituire una variabile misura [...].

Le misurazioni degli strumenti umani sono convenzioni che si confrontano con la totalità del tempo, del peso, dell'estensione, e con la struttura indefinitamente complicata.

Tuttavia il misurare è simbolo del comprendere [...]« (F.d.B., Martinazzi, materia e tempo, p. 15).

In questa opera si confrontano: il concetto di misura (convenzione umana); la forma data (peso, metro, vaso, pollice); il materiale roccia con la sua storia di centinaia di milioni di anni (un tempo infinito esibito in una forma e un peso definiti); la bellezza della roccia da me solo proposta e non creata.

Sono presenti contemporaneamente bellezza, forma, infinito (i milioni di anni della roccia), finito (la misura umana convenzionale), l'aspetto rassicurante della forma familiare delle misure.

Il pensiero di Kant (C.d.G. § 26, p. 84, § 25 p. 79 nella mia edizione) e tutto il discorso su infinito, grandezza, misura, finalità del sublime, mi sorprende per la corrispondenza che ritrovo con la mia ricerca.

Allego fotocopia di alcuni pensieri di S. Agostino che il sublime kantiano mi ha fatto ricordare (S. Agostino, Genesi alla lettera, p. 169):

»In effetti misura, numero e peso non si possono percepire soltanto nelle pietre, negli alberi e nelle altre masse terrestri o

Turino, 15 Jan. '95

The Sun issued forth,
as peace issues from virtue
(I. Kant, CofJ, page 176, B197)

Dear Karl,

Your letter and the Critique of Judgement (7th ed. Laterza 1994) are lying on my table. I too think that the sublime is expressed in art (poetry, painting, sculpture music) and not solely in Nature. I'm thinking of the G. Leopardi sonnet »The Infinite« *[L'infinito]*.

The dimensions of the human world – dimensions is perhaps too strong a word, a better one might be images (the hedge, the rustling of leaves, today, sweetness, life) – confront the absolutely great (the last horizon, eternal tranquillity and incommensurable space, death, eternity). Poetic tension is determined by a succession of oppositions (»disproportion«) between reason and imagination, by a »harmonious play of contrasts« *[gioco armonico nel contrasto]*, by the »rapid alternation of repulsion and attraction« *[alternarsi rapido di ripulse e attrazioni]* above an »abyss which transcends what can be imagined« *[un abisso che trascende l'immaginazione]* (CofJ § 27, page 86) and seems to resolve itself in the willingness of the mind to assume »a feeling of finality independently of Nature [...] superior to the scope of the senses«.

In this play reason and the powers of imagination perhaps exchange contents or functions/faculties. In this possibility, I think, resides the meaning (significance) of what, to me, is REVERSIBILITY *[REVERSILITÀ]*.

I believe my intention in my newest work (KAOS, MYTHOS/LOGOS, REVERSIBILITY, NARCISSUS) is to enter on this game of attaining the sublime.

I'm tempted to add a further thought of my own to your pet idea that »the beautiful prepares us for loving something, even Nature, disinterestedly«: »The sublime prepares us for expanding our knowledge«. The pages of the Critique of Judgement in which the »analytic of the sublime« is developed are a revelation to me, leading to observations which go beyond those of my critic, Francesco De Bartolomeis, who commented on my work »Measurements« as follows: »[...] Martinazzi renounces the sculptor's formal invention; he challenges the stone not only with an artistic intention but by making it the protagonist, recognizing its function of constituting a variable dimension [...]«.

The measurements made by human instruments are conventions which confront the totality of time, of weight, of extension and with the structure which is indefinitely complex.

44 zichtet auf die formelle Erfindung des Bildhauers, er fordert den Stein nicht mit einer bloßen künstlerischen Absicht heraus, sondern macht ihn zum Mittelpunkt, weil er seine Funktion erkennt, ein variables Maß zu sein.

Die Messungen menschlicher Instrumente sind Konventionen, die sich mit der Ganzheit der Zeit, des Gewichts, der Ausdehnung, und mit der unbestimmt komplizierten Struktur auseinandersetzen.

Das Messen ist jedoch ein Symbol des Verstehens [...]« (F. d. B., Martinazzi, materia e tempo, Seite 15).

In diesem Werk stehen einander gegenüber: der Begriff von Maß (menschliche Konvention); die gegebene Form (Gewicht, Meterstab, Vase, Daumen); das Material Stein mit seiner Geschichte von Millionen von Jahren (eine unendliche Zeit, in einer bestimmten Form und Gewicht gezeigt); die Schönheit des von mir nur vorgeschlagenen und nicht geschaffenen Steins.

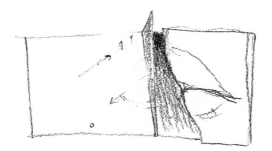

Gleichzeitig anwesend sind Schönheit, Form, Unendliches (die Millionen Jahre des Steins), Endliches (das konventionelle menschliche Maß), der beruhigende Aspekt der vertrauten Form der Maße. Kants Gedanken (CdG § 26, Seite 84, § 25 Seite 79 in meiner Ausgabe) und die ganzen Aussagen vom Unendlichen, von Größe, Maß, Zweck des Erhabenen, überraschen mich wegen der Übereinstimmung mit meiner eigenen Suche.

Ich füge eine Kopie einiger Gedanken des Augustinus bei, an die mich das Kantische Erhabene denken ließ (Augustinus, Genese zum Brief, Seite 169):

»Maß, Zahl und Gewicht kann man eigentlich nicht nur bei Steinen, Bäumen und anderen irdischen Massen oder Himmelskörpern, egal welcher Größe, wahrnehmen. Es gibt auch ein Maß, das Handlungen regelt und verhindert, daß diese unkontrolliert und die Grenzen überschreitend vonstatten gehen; es gibt auch eine Zahl der Gefühle der Seele und der Tugenden, dank der die Seele von der Mißbildung der Torheit ferngehalten wird und zur Form und Schönheit der Weisheit zurückgeführt wird; es gibt auch ein Gewicht des Willens und der Liebe, durch das ersichtlich wird, wie sehr man alles, was man begehrt, vermeidet, als wünschenswert oder unerheblich ansieht, abwägen muß.«

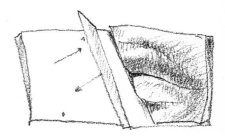

Danke für die Fotos von Ansedonia, sie haben mir den Duft des Sommers wieder gebracht, und danke für die Anleitung zur aufmerksamen Lektüre der Critica del Giudizio, eine Verpflichtung und eine Öffnung, die mir sowohl hilft zu überlegen als auch vom künstlerischen Schaffen einiges mehr zu verstehen.

herzlichst Dein
Bruno

Measuring is nevertheless a symbol of understanding [...]« (F. d. B., Martinazzi, materia e tempo, page 15).

In this work the following are confronted: the concept of measure (human convention); the given form (weight, metre rule, vessel, thumb); stone as a material with a history of hundreds of millions of years (endless time, revealed in a particular form and weight); the beauty of the stone only suggested but not created by me.

Beauty, form, the infinite (the stone's millions of years), the finite (the conventional human dimension), the reassuring aspect of the familiar form of measurements are all present at one and the same time.

Kant's thought (CofJ § 26, page 84, § 25, page 79 in my edition) and all his discourse on the infinite, grandeur, dimension, finality of the sublime astonish me by corresponding with what I find again while seeking.

I enclose a photocopy of some thoughts of St. Augustine's which the Kantian sublime reminded me of (St. Augustine, Genesi alla lettera, p. 169):

»Dimension, number and weight are perceivable not only in stones, trees and other earthly masses or heavenly bodies, of whatever size. There is also a measure which regulates and prevents acts from being performed uncontrollably and without bounds; feelings of the soul and virtues also have a number through which the soul is kept apart from the deformity of folly and is led back to the form and beauty of wisdom; there is also a weight of the will and of love through which it becomes apparent how one must indeed weigh everything one desires, avoids, regards as preferable or trifling.«

Thanks for the photos of Ansedonia, they have brought me the scent of summer, and thanks for having instructed me in how to study the Critique of Judgement attentively, a commitment, and an opening, which helps me to reflect and also to understand somewhat more of what artistic creation means.

Affectionately yours
Bruno

celesti di tal genere qualunque sia la loro grandezza. C'è anche una misura che regola un'azione e le impedisce di svolgersi senza controllo e di là dai limiti; c'è anche un numero dei sentimenti dell'animo e delle virtù, mediante il quale l'anima è tenuta lontano dalla deformità della stoltezza e ricondotta alla forma e alla bellezza della sapienza; e c'è anche un peso della volontà e dell'amore per mezzo del quale appare quanto occorre pesare ogni cosa nel desiderarla, nell'evitarla, nel valutarla preferibile o trascurabile.«

Grazie per le foto di Ansedonia, mi hanno portato profumo di estate, e grazie per avermi indirizzato allo studio di Critica del Giudizio che è un impegno e una apertura che aiuta a riflettere e a capire qualche cosa in più del significato dell'operare artistico.

Con affetto.
Bruno

Lieber Bruno und Carla!

Das Bemerkenswerte an Ansedonia liegt nicht nur darin, daß der Aufenthalt angenehm und schön ist, sondern daß es eine andauernde rappresentazione (Vorstellung) gewährt. Betrachtungen über Ansedonia sind auf die gleiche Weise möglich wie über das Schöne: »Noi indugiamo nella contemplazione del bello, perché essa si rinforza e si riproduce da sè.« (CdG § 12, letzter Satz, B 37.) *[Wir weilen bei der Betrachtung des Schönen, weil diese Betrachtung sich selbst stärkt und reproduziert].*

[...]

Bruno, Du hast herausgefunden, was in meinem Beitrag vielleicht überlegenswert ist: »Im Schmuck wird die Sehnsucht wirklich, daß die Schönheit nicht bloß eine Empfindung beim Urteilen, sondern ein Begriff vom Gegenstand sein soll, und daß die Vernunft zur Gestaltung des Lebens fähig sein möge.«

– Kant sagt, daß die Schönheit kein Begriff vom Gegenstand und daß sie nicht (einmal) eine Eigenschaft des Objektes ist. (§ 58, zweiter Absatz, zweiter Satz). »...poiché un giudizio di gusto non é punto un giudizio di conoscenza, e la bellezza non è una qualitá dell' oggetto in se stesso considerato,...« *[Weil nun ein Geschmacksurteil kein Erkenntnisurteil, und Schönheit keine Beschaffenheit des Objekts, für sich betrachtet ist,...],* § 38 Anmerkung, erster Halbsatz: »...la bellezza, difatti, non è un concetto dell' oggetto, e il giudizio di gusto non è un giudizio di conoscenza« *[...denn Schönheit ist kein Begriff vom Objekt und das Geschmacksurteil ist kein Erkenntnisurteil]:* Das Schöne taucht als Empfindung des Wohlgefallens beim Subsumieren auf. (Näheres in NOTA Anmerkung zur Deduktion der Geschmacksurteile, § 38).

– Der Mensch sehnt sich aber danach, daß Schönheit nicht nur eine Empfindung bei der Ausführung des Denkaktes sein soll, sondern daß sie etwas sein möge, was durch die Sinne und durch die Begriffe des Verstandes erfaßt werden kann.

– Darüber hinaus möchte der Mensch zeigen, daß Vernunft in der Lage ist, das Leben zu formen (zu gestalten). Gestalten bedeutet das Bestimmen eines Umrisses, das Setzen von Regeln, das Geben einer anderen (angemesseneren?) Form. Also beginnt der Mensch gleich bei seinem Äußeren (seiner Haut) und seinem persönlichen Profil

– Ich habe aber den Konjunktiv verwendet.

– Beweist diese Sehnsucht, daß der Materialismus recht hat? Überhaupt nicht. Es besteht natürlich einige Gefahr, daß sie als Weg zum Materialismus gesehen werden könnte. Aber reiner Idealismus ist vielleicht der noch fatalere Fehler. Die Pflicht des Menschen muß hic et nunc erfüllt werden, unter der Bedingung der Erscheinungen. Im Ergebnis möchte Kant nur sagen, daß die Vernunft ihn zum Glauben an ein intelligibles Substrat zwingt. Ich habe daher gefragt, ob Schmuck ein Zeichen sei, daß der Mensch ein solches intelligibles Substrat hat.

Darf ich noch einmal sagen, wie sehr Heidi und ich unseren Aufenthalt in Ansedonia genossen haben.

Mit besten Wünschen
Karl

Cari Bruno e Carla,

Non è solo la piacevolezza e la bellezza del soggiorno a rendere Ansedonia così rilevante, ma il persistere di una rappresentazione durevole. Si può contemplare Ansedonia allo stesso modo del bello: »Noi indugiamo nella contemplazione del bello, perché essa si rinforza e si riproduce da sé.« (CdG § 12, ultima frase, B 37)

[...]

Bruno, tu hai identificato la parte del mio contributo su cui forse vale la pena riflettere: »Nel gioiello si realizza il desiderio che la bellezza non debba essere una pura sensazione nel giudizio, ma un concetto dell'oggetto, e che la ragione possa essere in grado di dare forma alla vita.«

– Kant dice che la bellezza non è un concetto dell'oggetto e che essa non è neppure una qualità dell'oggetto. (§ 58, seconda frase del secondo paragrafo »...poiché un giudizio di gusto non è punto un giudizio di conoscenza, e la bellezza non è una qualità dell'oggetto in se stesso considerato,...«, § 38 osservazione, prima metà frase: »...la bellezza, difatti, non è un concetto dell'oggetto, e il giudizio di gusto non è un giudizio di conoscenza«: il bello emerge come sensazione di piacere nell' atto di sussumere. (maggiori particolari nella nota Osservazione sulla deduzione dei giudizi di gusto, § 38)

– Ma l'uomo anela a che la bellezza non sia solo una sensazione nella realizzazione dell'atto di pensiero, ma qualcosa di afferrabile attraverso i sensi e i concetti dell'intelletto.

Dear Bruno and Carla,

What makes Ansedonia so remarkable is that not only the sojourn is pleasant and beautiful but that there is a lasting rappresentazione (Vorstellung). Contemplation about Ansedonia is possible in the same way as about the beautiful: »Noi indugiamo nella contemplazione del bello, perché essa si rinforza e si riproduce da sè«. (CdG § 12, last sentence, B 37).

[...]

Since you, Bruno, found out what probably is worth considering in my treatise: »Im Schmuck wird die Sehnsucht wirklich, daß die Schönheit nicht bloß eine Empfindung beim Urteilen, sondern ein Begriff vom Gegenstand sein soll, und daß die Vernunft zur Gestaltung des Lebens fähig sein möge.«

– Kant says that the beautiful is not a concept of the object and that it is not (even) a quality of the object (§ 58 second paragraph, second sentence: ..., poiché un giudizio di gusto non è punto un giudizio di conoscenza, e la bellezza non è una qualità dell'oggetto in se stesso considerato,...«, § 38 nota, first half-sentence. »la bellezza, difatti, non è un concetto dell'oggetto, e il giudizio di gusto non è un giudizio di conoscenza.« The beautiful emerges as a feeling of piacere (compiacimento) in the act of sussunzione (subsumption). (Vide further in nota).

– Yet there is a desire in man that bellezza should not just be such a feeling when performing the act of thinking but that it should be something which may be grasped by the senses and the concepts of understanding.

– Moreover man wants to show that reason is capable to form (»gestalten«) life. To form means to give an outline, to set rules, to give a different (more adequate?) shape. So man starts right on his outside (his skin) and his personal profile.

– Yet I used the subjunctive.

– Does this desire prove that materialismo is right? Not at all. There is of course some danger that it may be seen as a path towards materialismo. Yet pure idealismo is probably the even more fatal failure. Man's devoir has to be fulfilled hic et nunc, under the condition of appearances. All Kant wants to say is that reason forces him to believe that there is an intelligible substrate.

Therefore I asked whether jewellery would be a sign that man has such an intelligible substrate.

May I state once more how much Heidi and I enjoyed our stay in Ansedonia.

All the best
Karl

– Inoltre l'uomo vorrebbe dimostrare che la ragione è in grado di dare forma alla vita [gestalten]. Dare forma significa delineare una sagoma, porre delle regole, conferire un'altra forma (più adeguata?). L'uomo comincia dunque subito dalla sua esteriorità (la sua pelle) e il suo profilo personale.

– eppure ho usato il condizionale

– questo desiderio prova forse che il materialismo ha ragione? Per niente. C'è naturalmente il pericolo che esso possa essere considerato una via verso il materialismo. Ma forse l'idealismo puro è un errore ancora più fatale. L'uomo deve adempiere al proprio dovere hic et nunc, condizionato dai fenomeni. In conclusione Kant vuol dire che la ragione lo costringe a credere ad un substrato intelligibile. E' per questa ragione che ho chiesto se i gioielli siano un segno che l'uomo ha tale substrato intelligibile.

Ci tengo a ripetere ancora una volta quanto Heidi ed io abbiamo apprezzato il nostro soggiorno ad Ansedonia.

con i migliori saluti
Karl

Lieber Karl!

der Wunsch, Deinen Brief angemessen zu beantworten, erfordert immer eine gewisse Bemühung, und so ist Zeit vergangen.

Erstmal vielen Dank für die sehr schönen Fotos, alle sehr humorvoll kommentiert; sie haben uns Bilder eines großen Mittelmeersommers zurückgebracht. Wenige Tage nach Eurer Abfahrt ist das Wetter umgeschlagen und war nie mehr wie vorher; das Schwimmen am Abend vor Deiner Abfahrt war das schönste des ganzen Sommers, ich bewahre eine unvergeßliche Erinnerung daran.

Danke für den Katalog von Peter Skubic und Komplimente für die Realisierung eines solch reinen, klaren und wesentlichen Werkes.

Ich habe Dein Schreiben übersetzt (was Du mir in Ansedonia gegeben hattest). Ich habe darüber nachgedacht und finde, Du sagst das Richtige. Als wir in Ansedonia darüber redeten, hatte ich alle weiteren Entfaltungsmöglichkeiten jenes Gedankens noch nicht erfaßt. In Deinem Brief greifst Du ihn wieder auf und seine Entfaltung scheint mir besonders fruchtbar.

Ich möchte ihn so übersetzen und paraphrasieren:

Darüber hinaus möchte der Mensch zeigen, daß Vernunft in der Lage ist, das Leben zu formen (zu gestalten). Gestalten bedeutet das Bestimmen eines Umrisses, das Geben einer anderen (angemesseneren) Form. Also beginnt der Mensch gleich bei seinem Äußeren (seiner Haut) und seinem persönlichen Profil. [...] Ich habe gefragt, ob Schmuck ein Zeichen sei, daß der Mensch ein solches intelligibles Substrat hat.	Wenn der Mensch Schmuck trägt, drückt er also dieses Bedürfnis aus, sich zu verwandeln; nicht nur eine oberflächliche Verwandlung der Haut und des Profils, sondern eine tiefe Verwandlung seiner Selbst und seines Lebens.
Karl	*Bruno*

Es scheint mir, daß dieser Gedanke ausgeweitet werden und sowohl einigen Sätzen Kants als auch einigen Terzinen der Göttlichen Komödie von Dante gegenübergestellt werden kann.

Kant	*Dante*
»Einem vernünftigen, aber endlichen Wesen ist nur der Progressus ins Unendliche, von niederen zu den höheren Stufen der moralischen Vollkommenheit, möglich. Der Unendliche [...] wie weit seine Existenz auch immer reichen mag, selbst über dieses Leben hinaus, zu hoffen* [...]« [...]*...darf derjenige [...] eine Aussicht in eine selige Zukunft haben«] *[Kritik der praktischen Vernunft, A 221, 222, Anmerkung A 223]*	106 Und wisse, einem jeden ward zuteil so viel der Wonne, als sein Blick sich senkt 108 ins Wahre, dort, wo jeder Geist die Ruhe findet. Daraus kann man ersehen, wie sich gründet auf einen Akt des Sehns die Seligkeit, 111 und nicht des Liebens, der erst folgt darauf. Das Maß des Sehens liegt in dem Verdienst, das Gnade nur erzeugt und guter Wille, 114 so schreitet man von Stuf zu Stufe fort. *Paradiso, Gesang XXVIII*
»[...] also [...] was er [der Mensch] tut, [...] nicht als Naturglied, sondern in der Freiheit seines Begehrungsvermögens, d.h. ein guter Wille ist dasjenige, wodurch sein Dasein allein einen absoluten Wert [...] haben kann. *(Kritik der Urteilskraft, § 86, B 411, 412)*	Wenn schon der Gnadenstrahl, an dem die Liebe 84 entflammt und der durch Liebe ständig wächst, In dir vielfach gesteigert noch erscheint, so daß auf dieser Steige er dich führt, 87 die keiner abwärts geht, der nicht zurückkehrt *Paradiso, Gesang X*

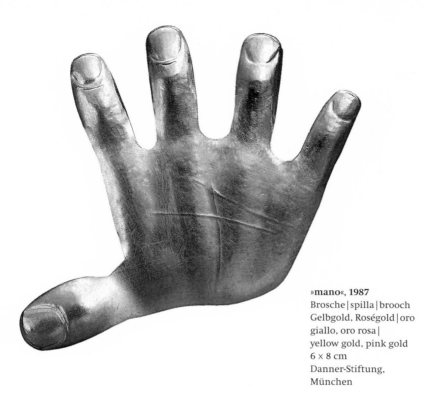

»mano«, 1987
Brosche | spilla | brooch
Gelbgold, Roségold | oro
giallo, oro rosa |
yellow gold, pink gold
6 × 8 cm
Danner-Stiftung,
München

»[...] an welchem wir doch ein übersinnliches Vermögen (die Freiheit) [...] von seiten seiner eigenen Beschaffenheit erkennen können«.
(Kritik der Urteilskraft, § 84, B 398)

»Mit diesem allen soll hier nur soviel gesagt werden: [...], daß die innere moralische Zweckbestimmung seines Daseins das ergänzte, was der Naturerkenntnis abging, indem sie nämlich anwies [...], zu denken«.
(Kritik der Urteilskraft, § 86, B 418)

103 [...] Das Gute, unsres Willens letztes Ziel
[...]

doch schon bewegte meinen Wunsch und Willen,
gleich einem Rad, das still sich dreht, die Liebe,
145 Die führt die Sonne und die andern Sterne.
Paradiso, Gesang XXXIII

[...]
75 ward euch doch Licht zum Guten oder Bösen,
und freier Wille [...]
Purgatorio, Gesang XVI

127 Im Innern strebt nach einem Gut ein jeder
Purgatorio, Gesang XVII

67 Die mit dem Denken auf den Grund gegangen,
bemerkten wohl die eingeborne Freiheit,
der Menschheit brachten sie das sittliche Bewußtsein
Purgatorio, Gesang XVIII

»Das Leben gestalten«, das drückt sehr gut das Bedürfnis nach Verwandlung aus. »das ergänzte, was der Naturerkenntnis abging [...], indem sie nämlich anwies [...], zu denken«, sie uns also vorschreibt, »das Leben zu gestalten«. Ich werde mit Kant ein wenig vertrauter und freue mich darüber.
Carla hat im September ihre Tagung in Ansedonia erfolgreich durchgeführt. Mir geht es gut, ich arbeite in Ruhe. Ich hoffe, bald von Dir und Heidi zu hören. Nochmals danke für den köstlichen Wein, den wir zum Essen genossen haben, und mit dem wir auf Deinen Geburtstag angestoßen haben.
Viele liebe Grüße an Dich und Heidi auch von Carla.

Bruno

Torino, 1|10|95

Caro Karl,
il desiderio di risponderti in modo adeguato comporta sempre un impegno e così il tempo è passato.

Grazie innanzi tutto delle foto molto belle, tutte commentate con tanto humour; ci hanno riportato le immagini della grande estate mediterranea. Pochi giorni dopo la vostra partenza il tempo è cambiato e non è più stato come prima; la nuotata la sera prima della tua partenza è stata la più bella dell'estate e ne ho un ricordo indimenticabile.

Grazie del catalogo di Peter Skubic e complimenti per la realizzazione di un'opera così pura, netta ed essenziale.

Ho tradotto il tuo scritto (quello che mi avevi dato ad Ansedonia). Vi ho riflettuto e lo trovo molto vero. Quando ne parlavamo ad Ansedonia non avevo ancora colto tutte le possibili vie di sviluppo di quel pensiero. Nella tua lettera lo riprendi e mi sembra particolarmente fecondo il suo sviluppo.

Vorrei tradurlo e parafrasarlo così:

Moreover man wants show that reason is capable to form (»gestalten«) life, to form means to give an outline to give a different (more adequate) shape. So man start right on his outside (his skin) and his personal profile. [...] I asked whether jewellery would be a sign that man has such an intelligible substrate. <div align="right">*Karl*</div>	Così l'uomo indossando gioielli esprime simbolicamente questo suo bisogno di trasformarsi; non solo trasformando in superficie, la sua pelle e il suo profilo, ma in profondità trasformare sé stesso e la sua vita. <div align="right">*Bruno*</div>

Questo pensiero mi pare che possa sconfinare e possa confrontarsi con alcune frasi di Kant e alcune terzine della Divina Commedia di Dante

Kant	*Dante*
A un essere razionale ma finito è possibile solo il progresso indefinito da gradini inferiori a gradini superiori di perfezione morale. L'infinito [...] fin là dove possa giungere comunque la sua esistenza, anche oltre i limiti di questa vita* [...*... egli può avere una prospettiva su un avvenire beato] *Critica della Ragion Pratica, Rusconi, 1993, parte I, libro II, capitolo II, 4, pag. 251.*	106 E dèi saper che tutti hanno diletto quanto la sua veduta si profonda 108 Nel vero in che si queta ogni intelletto. Quinci si può veder come si fonda l'esser beato nell'atto che vede 111 Non in quel ch'ama che poscia seconda; e del vedere è misura mercede che grazia partorisce e buona voglia; 114 così di grado in grado si procede. *Paradiso XXVIII*

Sicché [...] l'uomo non in quanto membro della natura, ma nella libertà della sua facoltà di desiderare; una buona volontà, ecco dunque la sola cosa che può dare alla sua esistenza un valore assoluto [...]
Critica del Giudizio, Laterza, § 86, pag. 259.

[...] possiamo riconoscere come suo carattere proprio, una facoltà soprasensibile (la libertà) [...]
C.d.G., § 84, pag. 252

Da tutto ciò si può concludere [...] l'intima finalità morale della nostra esistenza compensa ciò che manca alla conoscenza della natura prescrivendoci cioè di pensare [...]
C.d.G., § 86, Nota, pag. 263

[...] lo raggio della grazia onde s'accende
84 verace amore e che poi cresce amando,
multiplicato in te tanto resplende,
che ti conduce su per quella scala
87 U' sanza risalir nessun discende
Paradiso X

103 [...] il ben ch'è del volere obietto
[...]

Ma già volgeva il mio disio e il velle
si come ruota che igualmente è mossa
145 L'amor che muove il sole e l'altre stelle
Paradiso XXXIII

[...]
75 Lume vi è dato a bene e a malizia
e libero volere [...]
Purgatorio XVI

127 Ciascun confusamente un bene apprende
Purgatorio XVII

67 Color che ragionando andaro al fondo
s'accorser d'esta innata libertate;
però moralità lasciaro al mondo
Purgatorio XVIIICo

»Gestalten Life« indica bene il bisogno di trasformarsi. »compensa ciò che manca alla conoscenza della natura prescrivendoci di pensare« prescrivendoci appunto di »Gestalten Life«. Sto acquistando un po' di familiarità con Kant e ne sono felice.   ·
Carla ha svolto in settembre il suo convegno ad Ansedonia con molto successo. Io sto bene e lavoro con serenità. Spero di avere presto notizie tue e di Heidi. Ancora un grazie per il vino delizioso con il quale abbiamo pranzato e brindato per il tuo compleanno.
Tanti cari saluti a te e a Heidi anche da parte di Carla.

Bruno

Dear Karl,

The wish to answer your letter in a fitting manner always requires a certain amount of committed effort and so time has passed.

First of all, many thanks for the very beautiful photos, all of them commented on so humorously; they have brought back the image of a great Mediterranean summer. A few days before you left the weather changed and hasn't been as it was since then; the swim on the eve of your departure was the most beautiful of the summer and I have an unforgettable memory of it.

Thanks for the Peter Skubic catalogue and congratulations on realizing such a pure, clear and essential work.

I have translated what you wrote (what you had given me in Ansedonia). I've thought about it and find you're right in what you're saying. When we talked about it in Ansedonia, I hadn't yet grasped all the further implications of the thought. In your letter you take it up again and the development of it seems particularly productive.

I'd like to translate and paraphrase it as follows:

Moreover man wants show that reason is capable to form (»gestalten«) life, to form means to give an outline to give a different (more adequate) shape. So man start right on his outside (his skin) and his personal profile. […] I asked whether jewellery would be a sign that man has such an intelligible substrate. *Karl*	If a human being wears jewellery, he is expressing symbolically his need for transforming himself; not merely superficially transforming his skin and profile but profoundly transforming himself and his life. *Bruno*

It seems to me that this thought can be expanded and confronted with some sentences of Kant's as well as some tercets from Dante's Divine Comedy

Kant	*Dante*
»For a rational but finite being only progress towards infinity, from the lower to the higher stages of moral perfection, is possible. […], no matter how far his existence may extend, even beyond this life […] […]* … can he who […] have the prospect of a blissful future«] *(Critique of Practical Reason, A 221, 222, Note A 223)*	106 And know, to each is given so much of delight as his eye is cast 108 on the true, where each intellect finds repose. From this it can be seen how blessedness is founded on an act of seeing and not of loving, 111 which but follows on it. The measure of seeing is in the reward, which only bears grace and good will, 114 Thus step for step one advances. *(Paradise, Canto XXVIII)*
»[…] therefore […] what he (man) does […], not as a mechanism of Nature but in freely exercising his faculty of desire, through which his existence alone can have an absolute value […]. *(Critique of Judgement, § 86, B 411, 412)*	[…] the beam of grace from which true love is kindled and through which it grows in loving, 84 in you is so splendidly increased, that it leads you on this stair 87 which none descends without returning *Paradise, Canto X*

»[...] in which we can nonetheless recognize a supersensible faculty (freedom) [...] by virtue of its own properties«.
(Critique of Judgement), § 84, B 398)

103 [...] The good, which is the final object
of willing [...]

Yet already it has moved my desire and
will like a wheel which turns in measured tread

145 Love which moves the sun and other stars
Paradise, Canto XXXIII

»All this only goes to say: [...] that the inner moral final end of his existence supplemented what was missing from his insight into Nature, that is, by instructing him [...] to think«.
(Critique of Judgement, § 86, B 418)

[...]

75 Yet light was given for good or evil
and free will [...]
Purgatory, Canto XVI

127 Each of us confusedly grasps the good
Purgatory, Canto XVII

67 Those who shaped life by thinking went to the
root of all things to perceive innate liberty;
they bequeathed moral consciousness to
the world
Purgatory, Canto XVIII

»Shaping *[Gestalten]* life«, that aptly expresses the need for transformation, which was missing from insight into Nature [...], that is, by instructing [...] to think«; therefore it prescribes that we should »shape life«. I'm getting a bit more familiar with Kant and rejoice in this.
Carla's got through her conference in Ansedonia in September successfully. I'm well, I'm working in peace. I hope I'll be hearing soon from you and Heidi. Thanks again for the superb wine which we enjoyed at meals and with which we drank a toast to your birthday.
With affectionate greetings to you and Heidi from Carla too.

Bruno

»piedini«, 1981
Brosche|spilla|brooch
Gelbgold|oro giallo|
yellow gold
5,2 x 5,4 x 1,3 cm

Gedanken zum Werk von Bruno Martinazzi

Cornelie Holzach

Wie machen wir uns die Welt zu eigen? Wie lernen wir sie begreifen, wie erfahren wir sie? Hand, Auge – im wesentlichen – erschließen uns das Noch-nicht-bekannte und das Fremde. Sie haben uns die Welt, das heißt Universum, Natur und Artefakt näher gebracht, gestalten lassen. Nur näher gebracht, ein vollständiges Begreifen ist ausgeschlossen. Sie haben uns – natürlich subjektiv – begreifen lassen, haben uns gelehrt, dieses partielle subjektive Begreifen als einen Teil des Ganzen zu verstehen, dessen Gesamtheit uns immer verborgen bleiben wird.

Wir führen mit der Hand die Welt zu uns heran; orten und ordnen sie nach diesem Handmaß, erlangen eine Struktur, die sie – die Welt – in ein Verhältnis zu unserem Körper, zu unserer Hand setzt, sie für uns meßbar und beurteilbar macht. Aus ethnologischen wie sprachgeschichtlichen Zeugnissen wissen wir um die Bedeutung des Berührens, dem mehr als den anderen Sinnen eine Kraft, vielleicht sogar magische Kraft innewohnt.

Wenn Bruno Martinazzi Hände – fast immer in Teilen, nicht die ganze Hand – zum Gegenstand seiner Arbeit, sowohl in der Skulptur als auch im Schmuck, macht, so ist auch dieses Begreifen der Welt Inhalt seines Werkes.

Zwei Finger, der Zeigefinger und der ihm entgegengestellte Daumen berühren sich fast, sie führen den sogenannten Präzisionsgriff aus, eine der wichtigsten Bewegungen der menschlichen Hand. Diese Brosche mit dem Titel ›homo sapiens‹ aus dem Jahre 1975 soll beispielhaft für die Kraft und Macht stehen, die Welt – das Leben – zu gestalten und zu erfassen. Und ist auch in dem fast geschlossenen Kreis Sinnbild für eine sich ewig wiederholende Bewegung – Fortschreiten und Wiederholung in einem Bild.

Berühren – Begreifen, bevor wir sehen und verstehen, müssen wir mit unseren Händen die Dinge berühren, Erfahrungen, wie sich die Dinge anfühlen, sammeln, um sie tatsächlich sehen zu können. Gäbe es eine Hierarchie der Sinne, Tasten und Fühlen stünde an deren erster Stelle, da dadurch die meisten und differenziertesten Informationen über uns selbst und die Welt vermittelt wer-

»homo sapiens«
(Kat. Nr. 29)

Qualche riflessione sull'opera di Bruno Martinazzi

Cornelie Holzach

Come ci appropriamo del mondo? Come impariamo a comprenderlo, come lo sperimentiamo? Sono essenzialmente la mano e l'occhio a schiudere per noi ciò che è sconosciuto, estraneo. Ci hanno reso accessibile il mondo, cioè l'universo, la natura e i manufatti, dando loro una forma. Solo accessibili, perché una comprensione totale è esclusa. Ci hanno aiutato a comprendere, naturalmente in maniera soggettiva, ci hanno insegnato a considerare questa comprensione soggettiva e parziale come parte della totalità, la cui interezza ci rimarrà per sempre nascosta.

Con la mano portiamo il mondo a noi; lo localizziamo e lo ordiniamo in base alla misura della mano, otteniamo una struttura che pone il mondo in rapporto al nostro corpo, alla nostra mano, rendendocelo misurabile e giudicabile. Grazie a testimonianze etnologiche e di storia della lingua siamo a conoscenza del significato del tatto, in cui risiede, più che negli altri sensi, una forza forse persino magica. Bruno Martinazzi, facendo delle mani – di parti della mano, non dell'intera mano – l'oggetto del suo lavoro, sia nella scultura che nei gioielli, pone questa comprensione del mondo al centro della propria opera.

Due dita, l'indice e dalla parte opposta il pollice, si toccano quasi, eseguono la cosiddetta presa di precisione, uno dei movimenti più importanti della mano. Questa spilla dal titolo ›homo sapiens‹ del 1975 rappresenta in maniera esemplare la forza e la facoltà di formare e comprendere il mondo, la vita. E nel cerchio che quasi si chiude simboleggia un movimento che si ripete in eterno – procedere e ripetersi nella stessa immagine.

Toccare = comprendere; prima di vedere e capire, dobbiamo toccare con mano le cose, fare esperienza di come risultano al tatto, per poterle vedere veramente. Se ci fosse una gerarchia tra i sensi, il toccare e sentire sarebbero al primo posto, poiché attraverso di essi si ottiene la maggior parte delle informazioni (e le più particolareggiate) su di noi e sul mondo. Nelle dita, sulle punte delle dita, si concentrano la capacità e la forza del comprendere. Se interpretiamo Martinazzi in questo modo, il singolo dito è la »conclusio« di tutte le esperienze umane tangibili e del potere dell'azione.

La mano che fa – forgia e dà forma al mondo, lo rende a misura d'uomo. Per molto tempo si è creduto a questa impostazione positiva; solo più tardi si è riconosciuto che nel fare, apparentemente buono e a misura d'uomo, c'è una componente distruttiva, e che il progresso e la conoscenza, l'azione e

Some Thoughts on Bruno Martinazzi's Work

Cornelie Holzach

How do we make the world our own? How do we learn to understand it, to experience it? Hand, eye, essentially, open up what is still unknown and foreign to us. They have brought the world, that is, the universe, nature and the artefact closer to us and have let us shape them. Only closer; it is impossible to grasp them completely. They have let us – subjectively, of course – understand, have taught us to comprehend this partly subjective understanding as a part of the whole, a whole which will always remain hidden from us. We bring the world to us with our hands; we take its bearings and order it according to the measure of our hands, achieve a structure which enables it, the world, to be measured and assessed in relation to our bodies and our hands. From ethnological and philological sources we know of the meaning of touching. More than any of the other senses, the sense of touch is inherently powerful, perhaps even magical. When Bruno Martinazzi makes hands – nearly always in part, not the whole hand – the subject of his work, both in sculpture and jewellery, grasping the world is thus the content of his work.

Two fingers, the index finger and the thumb opposing it nearly touch; they are executing what is known as the precision grip, one of the most important movements carried out by the human hand. This brooch entitled 'homo sapiens' made in 1975 exemplifies the power and vigour to shape the world – life – and to grasp it. And, nearly a closed circle, it symbolizes a movement which is perpetually repeated – advancing and repeating in one image.

Touching – grasping, before we see and understand, we must touch things with our hands and learn by experience how things feel in order to really see them. If there were a hierarchy of the senses, touching and feeling would be first since most information and the most sophisticated information about ourselves and the world are conveyed through them. This faculty and the powers of understanding are concentrated in the fingers, in the fingertips. If we want to understand Martinazzi in this way, the individual finger is the conclusion of all human palpable experience and the power to act.

The hand which does things – it shapes and forms the world, makes it fit for human beings. For a long time this positive approach was the standard; only recently has the realization been defined that what may seem to be a good, humane action may have an inherently destructive component, that progress and knowledge, acting and grasping, need not necessarily be in harmony with the world.

There is a suggestion of this dark side in an early work executed in the 1970s. One half, a smooth surface, is engraved with formulaic signs and mathematical curves. The other half, however, still almost entirely in its bulging, rounded form, is severed by a gaping gash – the integral whole, the harmonious aspect of the »apple« world-view have been destroyed for ever – an extremely symbolic work dealing with how the world is changing. The scientific, the rational side of life which, and healthy scepticism is in order here, is progress in the sense that knowledge of and insight into the world have been advanced, go hand in hand with the loss of an overarching design for 'life'. Uneasiness and vague grief over the loss of the sensuousness which would allow at least a subjective overview of the world may be involved here.

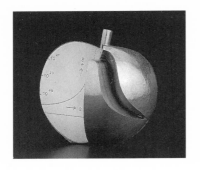

»mela«
(Kat. Nr. 23)

den. In den Fingern, den Fingerspitzen, bündelt sich dieses Können und die Macht des Begreifens. Wollen wir Martinazzi so verstehen, ist der einzelne Finger die conclusio aller menschlichen greifbaren Erfahrungen und der Kraft des Handelns.

Die Hand, die tut – sie gestaltet und formt die Welt, macht sie menschengerecht. Über lange Zeit hinweg galt dieser positive Ansatz, erst spät formuliert sich die Erkenntnis, daß im scheinbar guten, menschengerechten Tun eine zerstörerische Komponente innewohnt, daß Fortschritt und Erkenntnis, Handeln und Begreifen eben nicht in Einklang mit der Welt stehen muß.

Diese dunkle Seite klingt in einer frühen Arbeit aus den siebziger Jahren an. Der Apfel, als Zeichen für die Einheit der Welt, ist geteilt. In die eine Hälfte, eine glatte Fläche, sind Formelzeichen und mathematische Kurven eingraviert, die Welt der Wissenschaft und Technik. Die andere Hälfte aber, noch fast vollständig in ihrer prallen gerundeten Form, wird von einem klaffenden Riß durchschnitten – das Ganzheitliche, Harmonische des »Apfel«-Weltbildes ist unwiederbringlich zerstört – eine sehr symbolhafte Arbeit über die Veränderung der Welt. Zur wissenschaftlichen, der Ratio zugewandten Seite des Lebens, die bei aller Skepsis ein Fortschreiten im Sinne eines Mehr an Wissen und Erkennen über die Welt ist, gehört der Verlust eines Gesamtentwurfes ›Leben‹. Das Unbehagen und die vage Trauer über den Verlust der Sinnlichkeit, die eine zumindest subjektive Gesamtschau der Welt ermöglichte, mag hier enthalten sein.

la comprensione non sono in armonia con il mondo.

Questo lato oscuro echeggia in una delle prime opere degli anni settanta. La mela, segno dell'unità del mondo, è divisa. Su una metà, una superficie liscia, sono incise formule e curve matematiche, il mondo della scienza e della tecnica. Ma l'altra metà, ancora quasi intatta nella sua forma arrotondata e rigonfia, è solcata da una lacerazione profonda, che distrugge irreparabilmente ciò che vi è di intero e armonico nella visione del mondo rappresentata dalla mela; un lavoro che simboleggia con forza il cambiamento del mondo. Il lato scientifico della vita, rivolto alla ratio, cui pur scettici bisogna riconoscere il progresso apportato in quanto a sapere e conoscenza del mondo, comporta la perdita di

un progetto globale di vita. Vi si può forse scorgere il malessere e il dolore per la perdita della sensualitá, che consentiva perlomeno al singolo una visione globale del mondo.

La scienza e l'arte – nella serie »Laser-Energy« questi due concetti apparentemente opposti vengono ricuciti in positivo. Il fascino della tecnologia al laser per Martinazzi non sta tanto nella tecnica in sé o nelle sue applicazioni, l'approccio teorico gli serve piuttosto come metafora per un messaggio artistico. L'infinitamente piccolo e l'infinitamente grande, il niente e il tutto, contenuti nel passaggio dallo zero all'uno, assurgono qui a immagine dell'esistenza. Questa trasformazione della scienza astratta nel linguaggio dell'arte riporta lo specificatamente razionale su un nuovo piano di grande forza poetica.

Un occhio, la palpebra semichiusa rivela una pupilla scintillante; lo sguardo non è rivolto al mondo, ma verso l'interno, impedendo ad un altro sguardo di penetrarvi; rimbalza, riflette. Sembra essere il potenziamento del mito di Narciso. Nello specchio di una superficie riflettente esterna, l'occhio non scorge più se stesso, ma lo sguardo si ripiega piuttosto nell'occhio, non vedendo altro se non se stesso. Il massimo dell'autoriflessione. Quest'occhio aperto è chiuso al mondo esterno, si relaziona solo col proprio mondo interiore. Un sistema ermetico, quando si esclude così la comunicazione. L'Altro non trova una via d'accesso, si infrange contro l'impenetrabilità di questo sguardo, dell'essere rivolto esclusivamente verso l'interno. Il Sé acquista autonomia, è solo con se stesso, con quello che sa e che conosce – alla ricerca della conoscenza.

E poi anche l'occhio che guarda lo ritroviamo in molte opere. Guarda il mondo, lo registra. E' simbolo di partecipazione alla vita, di curiosità e intelligenza. Funge da specchio al mondo e da porta che conduce all'animo. Può essere interpretato come polo opposto all'occhio dallo sguardo rivolto all'interno.

Se vogliamo comprendere e vedere il mondo, dobbiamo strutturarlo, un mezzo per farlo è la misurazione. La valenza indipendente di ciò che si ripete sempre uguale ci mostra da un lato la finitezza di uomini e cose, trasformando dall'altro l'infinito e l'eterno appunto nel non tangibile. In »measurements« sulla pietra di milioni di anni è incisa una misura in centimetri,

Science and art – in the »Laser-Energy« series these seemingly opposing concepts are reconciled under their positive aspects. Martinazzi's fascination with laser technology does not lie in the technology as such or its applications; rather the theoretical approach to it serves him as a metaphor for an artistic statement. The smallest and the biggest, nothing and everything, contained in the step from zero to one are here translated into an image of life. Through these transformations of abstract science into the language of art, what is rationally determined is elevated to a new plane of great poetic power.

An eye, the barely opened lid reveals a reflecting pupil – this eye is not looking out into the world, it is inward-directed. It does not allow another glance – which bounces off, is reflected back – to penetrate it. The eye seems like the Narcissus myth raised to a higher power. This eye is no longer viewing itself in the mirror of an external reflective plane; rather the glance turns in the eye, without perceiving anything other than itself. Self-reflection to the highest degree. This open eye is closed to the external world, only directed to its own inner world. A hermetic system, when communication is so utterly precluded. Others, other things, find no way, no access, to it. They founder on the impenetrability of this glance, on its being so entirely inner-directed. What is the self's gains autonomy, is alone in itself and with what it knows and recognizes – in the search for knowledge.

And the viewing eye: we encounter it, too, in many works. It looks into the world, taking it in. It stands as a sign of participation in life, of curiosity and intelligence. It functions as both a mirror of the world and a gate to the inner world. Therefore it can be understood as the opposite pole of the eye which looks inward.

If we want to understand and see the world, we must structure it; measuring is a tool for doing this. The intrinsic value of what is always the same, perpetually repeated, shows us, on the one hand, the finiteness of man and thing; on the other, however, infinity and eternity become incomprehensible through it. In the »measurements«, a centimetre scale is engraved in the aeons-old stone. Opposites are formulated in one object, the infinitely old stone is merged with the measure, which can also be interpreted as the measure of time.

»energy«
(Kat. Nr. 51, 52)

Wissenschaft und Kunst – in der Serie »Laser-Energy« werden diese scheinbar gegensätzlichen Begriffe unter positiven Aspekten zusammengeführt. Die Faszination der Laser-Technologie liegt für Martinazzi nicht in der Technik an sich oder deren Anwendungen, vielmehr dient ihm der theoretische Ansatz als Metapher für eine künstlerische Aussage. Das Kleinste und das Größte, Nichts und Alles, enthalten im Schritt von Null zu Eins, wird hier als ein Bild für Leben übersetzt.

Durch diese Transformationen der abstrakten Wissenschaft in die Sprache der Kunst gewinnt das rational Bestimmte eine neue Ebene von großer poetischer Kraft.

Ein Auge, das kaum geöffnete Lid, gibt eine spiegelnde Pupille frei – dieses Auge blickt nicht in die Welt, es schaut nach innen und läßt kein Eindringen eines anderen Blickes zu – er prallt ab, spiegelt zurück. Es erscheint wie eine Potenzierung des Narziß-Mythos. Das Auge erblickt nicht mehr sich selbst im Spiegel einer außerhalb gelegenen Reflektionsebene, vielmehr kehrt sich der Blick im Auge, ohne etwas anderes wahrzunehmen als sich selbst. Selbstreflektion in höchstem Grade. Dieses geöffnete Auge ist verschlossen gegenüber der äußeren Welt, ist nur auf die eigene Innenwelt bezogen. Ein hermetisches System, wenn Kommunikation so völlig ausgeschlossen wird. Der Andere, das Andere findet keinen Weg und Zugang, scheitert an der Undurchdringlichkeit dieses Blickes, des ausschließlich Nach-innen-gewandt-seins. Das Eigene gewinnt Autonomie, ist mit sich und was es weiß und kennt allein – in der Suche nach Erkenntnis.

Und dann das schauende Auge, auch das begegnet uns in vielen Arbeiten. Es blickt in die Welt, nimmt sie auf. Es steht als Zeichen für Anteilnahme am Leben, für Neugierde und Intelligenz. Es wirkt als Spiegel der Welt und zugleich als Tor zum Inneren. Es kann so als Gegenpol zum Auge des nach innen gewandten Blickes verstanden werden.

Wenn wir die Welt begreifen und sehen wollen, müssen wir sie strukturieren, ein Instrument dafür ist das Messen. Die unabhängige Wertigkeit des immer wiederholbaren Gleichen zeigt uns einerseits die Endlichkeit von Mensch und Ding, zum anderen wird dadurch aber Unendlichkeit und Ewigkeit erst zu dem eben Nicht-faßbaren. In den »measurements« wird dem Millionen Jahre alten Stein ein Maß in Zentimetern eingraviert, Gegensätzliches wird in einem Objekt formuliert, der unendlich alte Stein wird mit dem Maß, man kann es auch als Zeitmaß lesen, zusammengeführt.

»occhio«
(Kat. Nr. 14)

l'opposizione si esprime in un oggetto, la pietra infinitamente vecchia viene unita alla misura, leggibile anche come misura del tempo.

Le labbra sensuali sono ben tornite, incantevoli; sono spezzate da una linea di separazione sottile, netta, spesso non sono neanche completate. Siamo attirati da questa bellezza, eppure non è invitante, seducente, è autoreferenziale, sembra bastare a se stessa. Narciso, che ama senza saperlo la sua stessa immagine riflessa allo specchio, crede di essere così vicino all'appagamento, solo all'ultimo momento, col movimento della superficie dell'acqua, l'immagine scompare. Sappiamo che questa unione non ci sarà mai, per quanto vicine siano queste labbra, la linea sottile resta. L'idea o la questione della compiutezza ha già in sé la risposta, non la si raggiungerà mai.

Le grandi questioni dell'esistenza vengono discusse anche negli ultimi lavori; la Genesi e Timaios – sul divenire del mondo e dell'uomo. Questioni che in ultima analisi percorrono l'intera opera di Martinazzi, ora si concentrano nei miti della creazione cristiani e antichi. Gli oggetti non sono tanto gioielli indossabili, quanto quadri contententi brani scritti. Si dissolvono i confini tra gioiello, immagine, testo.

In piccole opere di gioielleria Martinazzi si pone domande esistenziali sulla vita e la comprensione del mondo; è questo a distinguerlo tra gli orafi. Non si muove all'interno del »sistema gioiello«, ma del »sistema arte«. La possibilità di avvicinarci a queste questioni attraverso la via duttile del gioiello ci facilita dapprima, per poi complicarcelo, il vedere negli oggetti decorati-

The sensuous lips are beautifully formed, distractingly beautiful; they are severed by a fine, exact demarcation line and are often not even whole. We are attracted to such beauty; yet it is not an inviting, tempting beauty. It is self-directed, seemingly sufficient unto itself. Narcissus, who, without knowing that he does so, loves his own reflected image, believes that he is so close to self fulfilment. At the very last moment the image is banished by the surface of the water moving. We know that this union will never be, as close as these lips may be; the fine demarcation line remains. The idea of perfection or the inquiry into it a priori implies its answer; it will never be attained.

The major questions about life are also asked in the most recent work: Genesis and Timaeus – on the Becoming of the world and man. Questions which are ultimately the content of all of Martinazzi's work; now they are concentrated in the Christian and other ancient stories of Creation. The objects are not so much pieces of jewellery to be worn as pictorial objects incorporating text passages. The distinctions between jewellery – image – text have been abolished.

Martinazzi asks himself the existential questions about life and grasping the world in the small objects that are his jewellery and this is what makes him stand out among artists who make jewellery. He is not operating in »the jewellery system« but in the »art system«. The fact that we can approach these questions via the sinuous path of jewellery makes it at first easy, although the next step is complex, to see not merely the beauty in the objects for adornment but rather to understand them in the context of art, of which beauty and pleasing are only one component.

These thoughts on Bruno Martinazzi's work are splinters. They are incomplete and do not represent an attempt to interpret Martinazzi's sophistication as a person and an artist. They are an approach to an oeuvre which always gravitates towards a centre – the human being.

»misura«
(Kat. Nr. 41)

vi non solo la bellezza, ma il concepirli nuovamente nel contesto dell'arte, di cui la bellezza e il piacere costituiscono solo una dimensione.

Queste riflessioni sull'opera di Bruno Martinazzi sono schegge. Sono incomplete, non intendono interpretare la complessità di questa personalità artistica, è un avvicinarsi ad un'opera, che ruota sempre intorno ad un centro – l'uomo.

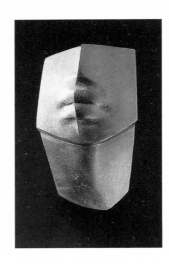

»narciso«
(Kat. Nr. 90)

Die sinnlichen Lippen sind wohlgeformt, betörend schön; sie werden zerschnitten von einer feinen, exakten Trennlinie, sind oft nicht einmal vollständig. Wir werden angezogen von dieser Schönheit, und doch ist sie keine auffordernde, lockende, sie ist auf sich bezogen, scheint sich selbst zu genügen. Narziß, der, ohne es zu wissen, sein eigenes Spiegelbild liebt, glaubt sich der Erfüllung so nahe, erst im allerletzten Augenblick, mit der Bewegung der Wasseroberfläche, verschwindet das Bild. Wir wissen, diese Vereinigung wird es niemals geben, so nahe sich diese Lippen auch sein werden, die feine Trennlinie bleibt. Die Idee von Vollkommenheit oder die Frage danach trägt die Antwort schon in sich, sie wird nie erreicht werden.

Die großen Fragen über das Leben werden auch in den neuesten Arbeiten gestellt; Genesis und Timaios – über das Werden der Welt und des Menschen. Fragen, die letztlich Inhalt des gesamten Werks Martinazzis sind, sie konzentrieren sich nun in christlicher wie antiker Schöpfungsgeschichte. Die Objekte sind weniger tragbare Schmuckstücke, als vielmehr Bildobjekte, in die Textpassagen einbezogen sind. Die Grenzen zwischen Schmuck – Bild – Text sind aufgehoben.

Martinazzi stellt sich existentielle Fragen zum Leben und dem Begreifen der Welt in den kleinen Objekten des Schmucks, das macht ihn herausragend unter den Schmuckkünstlern. Er bewegt sich nicht im »System Schmuck«, sondern im »System Kunst«. Daß wir uns über den geschmeidigen Weg des Schmucks diesen Fragen annähern können, macht es zunächst leicht, im zweiten Schritt aber kompliziert, nicht allein die Schönheit der schmückenden Objekte zu sehen, sondern sie vielmehr wieder im Kontext Kunst zu verstehen, in dem Schönheit und Gefallen nur eine Komponente sind.

Diese Gedanken zum Werk Bruno Martinazzis sind Splitter. Sie sind unvollständig, sie wollen nicht die Komplexität dieser Künstlerpersönlichkeit interpretieren, sie sind Annäherungen an ein Werk, das immer um einen Mittelpunkt kreist – den Menschen.

Schmuck | Gioielli | Jewellery   1958–1997

1 »**guerrieri**«, **1966** Brosche│spilla│brooch
Gelbgold, Roségold│oro giallo, oro rosa│yellow gold, pink gold
4,8 × 2,7 × 1,2 cm

2 »**santi**«, **1958** Brosche│spilla│brooch
Gelbgold, Roségold│oro giallo, oro rosa│yellow gold, pink gold

3 Halsschmuck│collana│necklace, **1959**
Gelbgold│oro giallo│yellow gold

4 »**spugna di platino**«, **1958** Halsschmuck | collana | necklace
Gelbgold, Platin | oro giallo, platino | yellow gold, platin
16,8 × 16 cm

5 Brosche|spilla|brooch, **1965**
    Gelbgold, Platin, Diamanten|oro giallo, platino, diamanti|
    yellow gold, platin, diamonds

7 »crazy horse«, 1965 Brosche | spilla | brooch
Gelbgold, Roségold, Platin, Diamanten | oro giallo, oro rosa,
platino, diamanti | yellow gold, pink gold, platin, diamonds
8,5 × 2,1 × 1 cm

6 »moby dick«, 1964 Brosche | spilla | brooch
Gelbgold, Roségold, Platin, Diamanten | oro giallo, oro rosa, platino,
diamanti | yellow gold, pink gold, platin, diamonds
2,9 × 6,4 × 1 cm

8 Armband | braccialetto | bracelet, **1965**
Weißgold, Platin, Diamanten, Saphire | oro bianco, platino, diamanti, zaffiri |
white gold, platin, diamonds, saphires
1,9 × 6,7 × 6,2 cm

9 Halsschmuck | collana | necklace, **1965**
Weißgold, Platin, Diamanten, Saphire | oro bianco, platino, diamanti, zaffiri |
white gold, platin, diamonds, saphires
12,8 × 12,8 cm

11 »grata«, 1960 Armband | braccialetto | bracelet
Gelbgold | oro giallo | yellow gold
2 x 6,3 x 6,1 cm

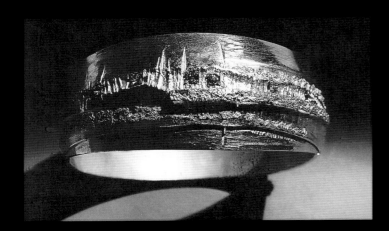

10 Armschmuck | bracciale | bracelet, **1964**
Gelbgold, Platin, Diamanten | oro giallo, platino, diamanti |
yellow gold, platin, diamonds

12 »**marce della pace**«, **1967** Armband | braccialetto | bracelet
Gelbgold, Roségold | oro giallo, oro rosa | yellow gold, pink gold
2,8 × 18 cm

13 »marce della pace«, 1967 Brosche | spilla | brooch
Gelbgold, Roségold | oro giallo, oro rosa | yellow gold, pink gold
3,7 × 4,5 cm

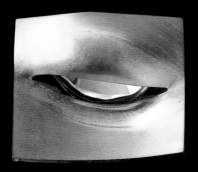

14 »occhio« , **1968** Brosche | spilla | brooch
Gelbgold, Rotgold, Weißgold | oro giallo, oro rosso, oro bianco | yellow
gold, red gold, white gold
4 x 4,5 cm

15 **»backside«, 1968** Brosche | spilla | brooch
Silber | argento | silver
3,1 × 3,8 × 1 cm

16 »mouth · economic growth«, 1968 Brosche|spilla|brooch
Gelbgold, Weißgold|oro giallo, oro bianco|yellow gold, white gold
3,4 × 4 cm

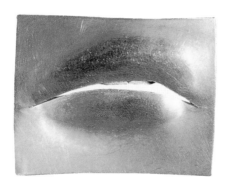

17 »donna«, 1979 Ring|anello|ring
Silber|argento|silver 5,7 × 3,3 × 2,6 cm

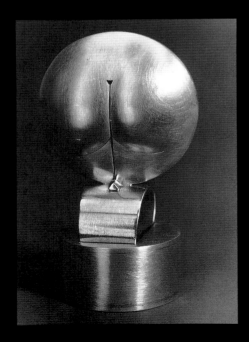

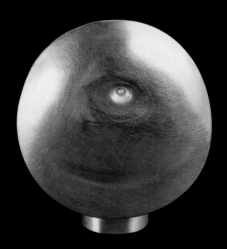

18 »**Venus**«, **1980** Ring | anello | ring
Gelbgold | oro giallo | yellow gold

20 »**apple line**«, **1970** Halsschmuck | collana | necklace
Gelbgold, Weißgold, Roségold | oro giallo, oro bianco, oro rosa | yellow
gold, white gold, pink gold
16,8 × 12 × 3 cm

19 Ohrschmuck | orecchini | earrings, **1971**
Gelbgold | oro giallo | yellow gold

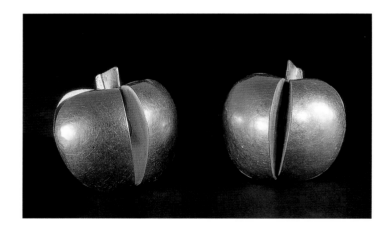

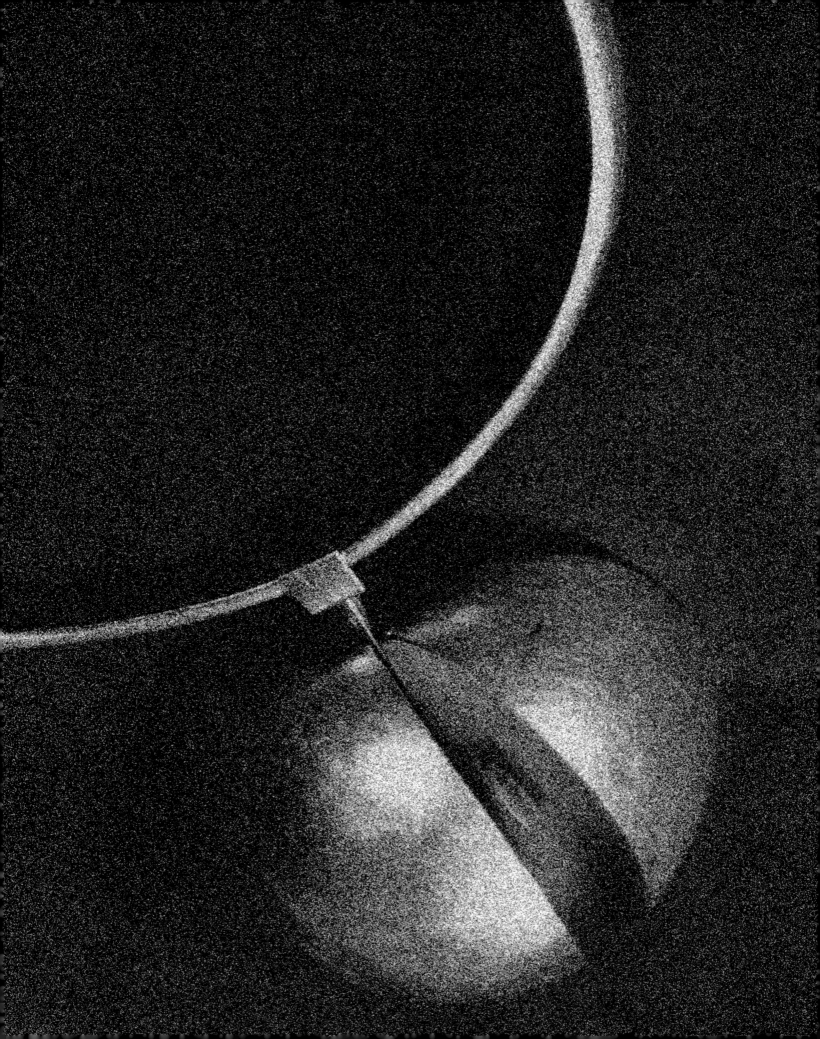

21 »mela«, 1974 Manschettenknöpfe | polsini | cuff links
Gelbgold, Weißgold | oro giallo, oro bianco | yellow gold, white gold
3,7 × 2,5 × 2,2 cm

22 »mela«, 1971 Ring | anello | ring
Gelbgold, Weißgold | oro giallo, oro bianco |
yellow gold, white gold

23 »mela«, 1972 Brosche | spilla | brooch
Gelbgold, Weißgold | oro giallo, oro bianco | yellow gold, white gold
5,8 × 5,8 cm

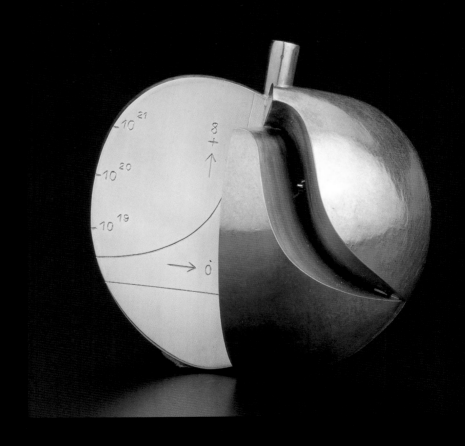

24 »dito«, **1990** Armschmuck | bracciale | bracelet
Gelbgold, Weißgold | oro giallo, oro bianco | yellow gold, white gold
6,2 × 4 × 7 cm

25 »fingers«, **1970** Armschmuck | bracciale | bracelet
Gelbgold, Weißgold | oro giallo, oro bianco | yellow gold, white gold
6 × 7 cm

26 »**monumento al dito**«, **1973** Brosche│spilla│brooch
Gelbgold, Weißgold, Roségold│oro giallo, oro bianco, oro rosa│yellow gold,
white gold, pink gold
7,9 × 4,5 cm

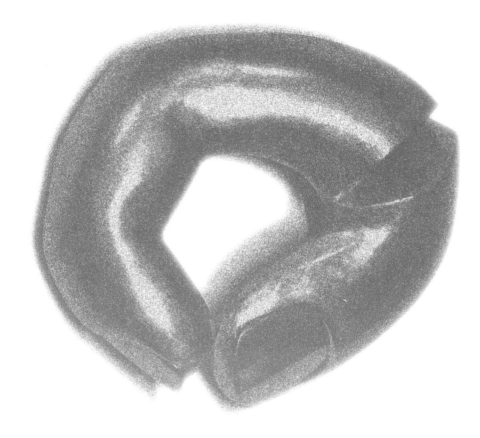

29 »**homo sapiens**«, **1975** Brosche | spilla | brooch
Gelbgold, Roségold, Weißgold | oro giallo, oro rosa, oro bianco | yellow gold,
pink gold, white gold
4,7 × 5,8 × 1,3 cm

27 »**dito**«, **1973** Ring | anello | ring
Gelbgold | oro giallo | yellow gold
4,6 × 2,3 × 1,3 cm

28 »**dito**«, **1989** Ring | anello | ring
Weißgold, Roségold | oro bianco, oro rosa | white gold, pink gold
4,1 × 1,8 × 1,9 cm

88

31 »goldfinger«, 1969 Armschmuck│bracciale│bracelet
Gelbgold, Weißgold│oro giallo, oro bianco│
yellow gold, white gold
6,2 × 9 cm

30 »w.lib.«, 1971 Halsschmuck│collana│necklace
Gelbgold, Weißgold, Roségold│oro giallo, oro bianco, oro rosa│
yellow gold, white gold, pink gold
5,5 × 12 × 12 cm

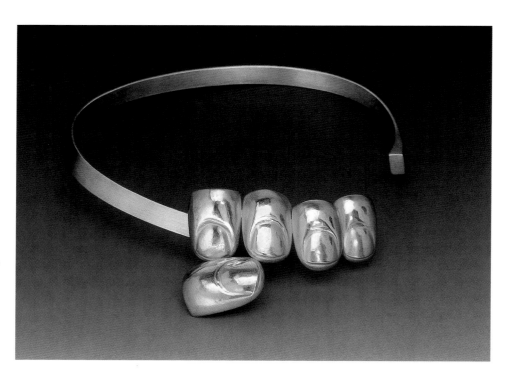

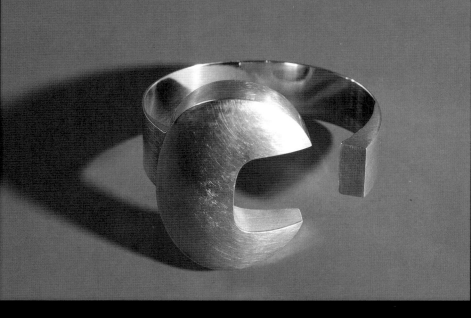

32 »wrench«, **1973** Armschmuck | bracciale | bracel

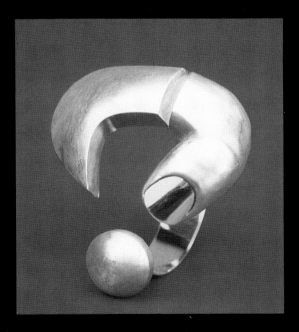

33 »**metamorfosi 1**«, **1973** Armschmuck | bracciale | bracelet
Gelbgold, Weißgold, Roségold | oro giallo, oro bianco, oro rosa |
yellow gold, white gold, pink gold
5 × 5,5 × 4,7 cm

MISURE

LAVORANDO LA SCULTURA, UN BLOCCO DI MATERIA
CHE PORTA IN SE CENTINAIA DI MILIONI DI ANNI
HO AVUTO LA SENSAZIONE DI TOCCARE QUASI
QUESTO TEMPO INFINITO.
LE MISURE SONO IL PRINCIPIO DI OGNI CONOSCENZA.

ANELLO DE 'TEMPO': MAPPA DI RIFERIMENTO SCISTO
DELLA VAL ROYA, TRIASSICO, 180 MILIONI DI ANNI.
ALLA FASCIA DI ORO E' UNITO UN FRAMMENTO DI
ROCCIA VERDE A FORMA DI POLLICE CON INCISO
UN SIMBOLO CHE NE INDICA L'ETA' E IL GIACIMENTO
GEOLOGICO.
NELLA FORMA DI PIETRA VERDE CONVERGONO DUE
MISURE CHE FORMANO UN PARADOSSO; QUELLA UMANA
RASSICURANTE DEL POLLICE E QUELLA
DELLA MATERIA: 180 MILIONI DI ANNI.

Misure

Während ich an der Skulptur, die aus einem Block einer hunderten von Millionen Jahre alten Materie entsteht, arbeitete, hatte ich das Gefühl, diese unendliche Zeit zu berühren.
Das Maß ist Anfang allen Wissens.
Anello del »tempo«: nach geologischer Zuordnung aus dem Val Roya, Trias, 180 Millionen Jahre.
Mit dem Gold ist ein grünes Gesteinsfragment in Form eines Daumens verbunden, mit einem eingezeichneten Symbol, das uns die Zeit und das geologische Vorkommen anzeigt.
In der Form des grünen Steines konvergieren zwei Maße, die paradox klingen: dieses menschlich beruhigende des Daumens und dieses unruhige der Materie, 180 Millionen Jahre.

34 »misura«, 1976 Halsschmuck│collana│necklace
Weißgold, Gelbgold│oro bianco, oro giallo│white gold, yellow gold
16 × 13 cm

Misure

Lavorando la scultura, un blocco di materia che porta in se centinaia di milioni di anni ho avuto la sensazione di toccare quasi questo tempo infinito.

Le misure sono il principio di ogni conoscenza.

Anello de »Tempo«: mappa di riferimento scisto della Val Roya, Triassico, 180 milioni di anni.

Alla fascia di oro è unito un frammento di roccia verde a forma di pollice con inciso un simbolo che ne indica l'età e il giacimento geologico.

Nella forma di pietra verde convergono due misure che formano un paradosso; quella umana rassicurante del pollice e quella inquietante della materia: 180 milioni di anni.

Misure (Measurements)

While I was working on the sculpture which came into being from one block of material which is hundreds of millions of years old, I had the feeling of touching this endless time.

The measure is the beginning of all knowledge.

Anello del »tempo«: geologically classified as from Val Roya, Triassic, 180 million years.

Linked with the gold is a green fragment of stone shaped like a thumb, with an engraved symbol which tells us the time and what has happened geologically.

In the form of the green stone two dimensions converge, which sound paradoxical: one the reassuringly human touching of the thumb and the other the troubling dimension of the material, 180 million years.

35 »**peso**«, **1976** Halsschmuck│collana│necklace
Weißgold, Gelbgold│oro bianco, oro giallo│white gold, yellow gold
16 × 13 cm

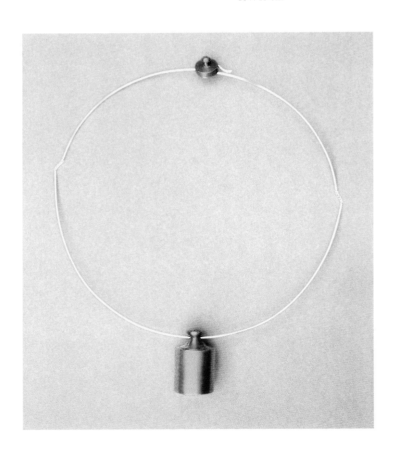

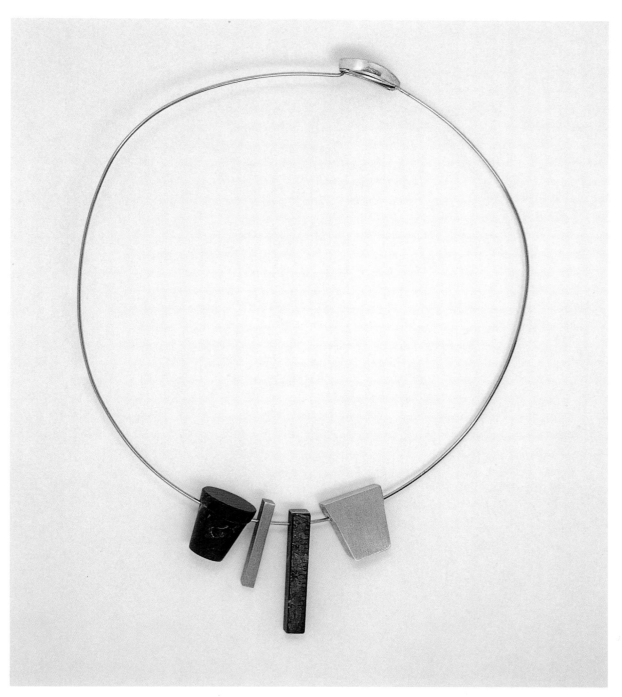

36 »misure«, **1977** Halsschmuck | collana | necklace
Weißgold, Roségold, roter Marmor | oro bianco, oro rosa, marmo rosso | white gold, pink gold, red marble
18 × 14 cm

37 »**misura**«, **1976** Halsschmuck|collana|necklace
Weißgold, schwarzer Marmor|oro bianco, marmo nero|
white gold, black marble
Dm 13,5 cm, 10 cm

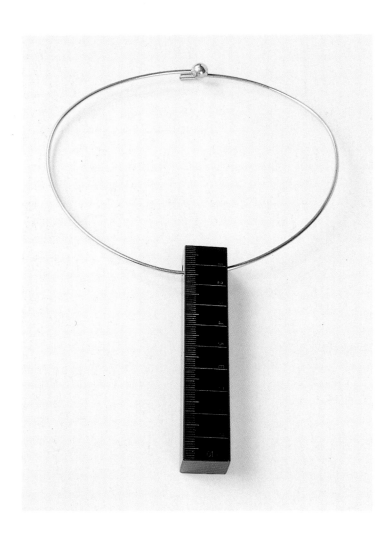

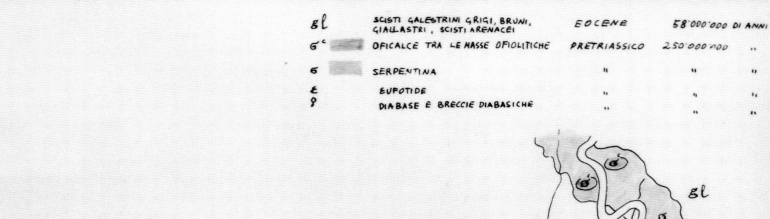

	SCISTI GALESTRINI GRIGI, BRUNI, GIALLASTRI, SCISTI ARENACEI	EOCENE	58'000'000 DI ANNI
σ^c	OFICALCE TRA LE MASSE OFIOLITICHE	PRETRIASSICO	250'000'000 "
σ	SERPENTINA	"	" "
ϵ	EUFOTIDE	"	" "
δ	DIABASE E BRECCIE DIABASICHE	"	" "

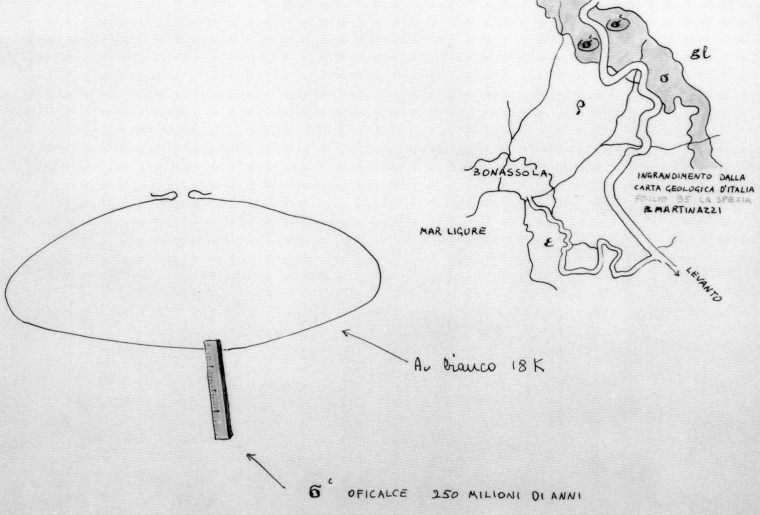

INGRANDIMENTO DALLA CARTA GEOLOGICA D'ITALIA
FOGLIO 95 LA SPEZIA
B. MARTINAZZI

BONASSOLA

MAR LIGURE

LEVANTO

Au bianco 18 K

σ^c OFICALCE 250 MILIONI DI ANNI

38 »misura«, 1976 Halsschmuck|collana|necklace
Weißgold, roter Marmor|oro bianco, marmo rosso|
white gold, red marble
Dm 13 cm, 4 × 0,5 × 0,5 cm

39 »**metro**«, **1976** Metermaß|decimetro|
measurement

Feinsilber, roter Marmor|argento puro,
marmo rosso|pure silver, red marble
10 × 1,8 × 2 cm

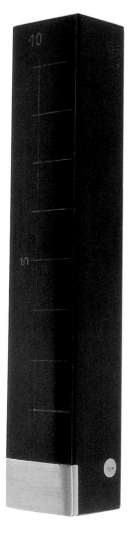

40 »**metro**«, **1976** Metermaß|decimetro|measurement
Weißgold, schwarzer Marmor|oro bianco, marmo nero|
white gold, black marble
10 × 1,6 × 2 cm

41 »**misura**«, **1975** Ring | anello | ring
Silber, roter Marmor | argento, marmo rosso | silver, red marble
4 × 2 × 2,6 cm

42 »**metro**«, **1975** Ring | anello | ring
Eisen, Stein | ferro, pietra | iron, stone
10 × 3,6 × 2,2 cm

43 »tempo«, **1975** Ring|anello|ring
Gelbgold, Stein|oro giallo, pietra|yellow gold, stone
3,3 × 1,9 × 2,9 cm

44 »dita«, **1977** Ring | anello | ring
Weißgold, Serpentin | oro bianco, serpentino |
white gold, serpentine

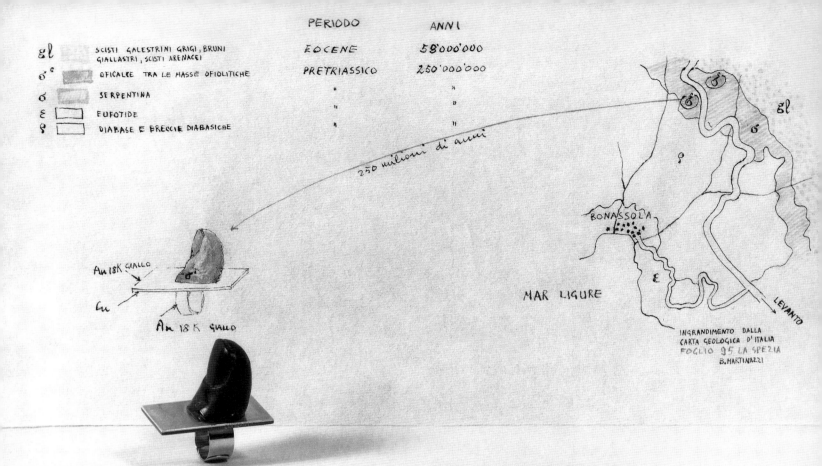

45 »tempo«, 1976 Ring|anello|ring
Roségold, roter Marmor, Kupfer|oro rosa, marmo rosso, rame|
pink gold, red marble, copper
4 × 2,5 × 4,7 cm

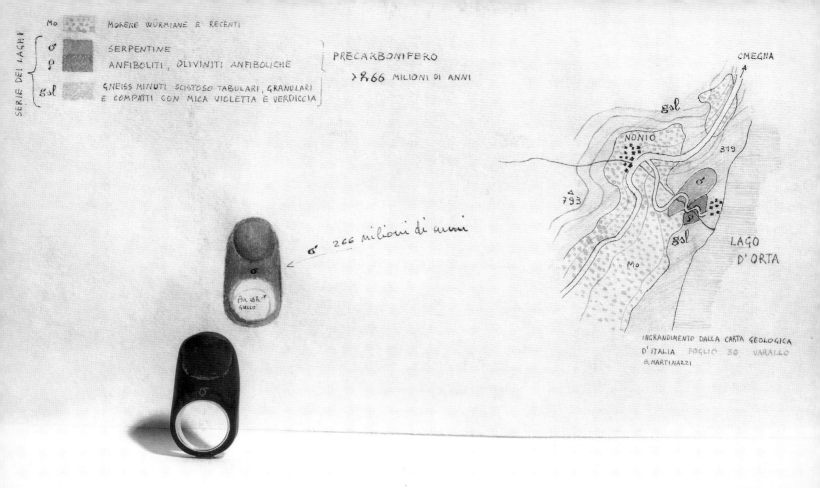

SERIE DEI LAGHI

Mo — MORENE WÜRMIANE E RECENTI

σ — SERPENTINE
ρ — ANFIBOLITI, OLIVINITI ANFIBOLICHE

gsl — GNEISS MINUTI SCISTOSO TABULARI, GRANULARI
E COMPATTI CON MICA VIOLETTA E VERDICCIA

PRECARBONIFERO
> &66 MILIONI DI ANNI

σ 266 milioni di anni

Au 18R↑
GIALLO

CMEGNA

NONIO
379
△ 793
gsl
Mo
gsl
LAGO D'ORTA

INGRANDIMENTO DALLA CARTA GEOLOGICA
D'ITALIA FOGLIO 30 VARALLO
S. MARTINAZZI

46 »tempo«, **1976** Ring|anello|ring
 Gelbgold, Serpentin|oro giallo, serpentino|yellow gold, serpentine
 4,3 × 2,2 × 1,9 cm

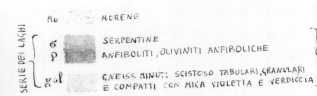

SERIE DEI LAGHI

Mo ▭ MORENE

σ ▭ SERPENTINE
ρ ANFIBOLITI, OLIVINITI ANFIBOLICHE

gsl ▭ GNEISS MINUTI SCISTOSO TABULARI, GRANULARI
E COMPATTI CON MICA VIOLETTA E VERDICCIA

PRECARBONIFERO
> 266 MILIONI DI ANNI

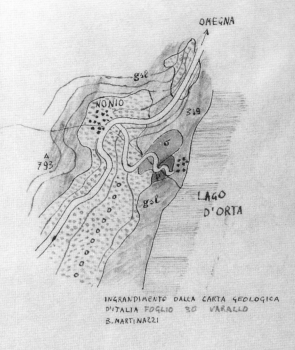

OMEGNA

gsl

NONIO

319

793

gsl

LAGO
D'ORTA

INGRANDIMENTO DALLA CARTA GEOLOGICA
D'ITALIA FOGLIO 30 VARALLO
B. MARTINAZZI

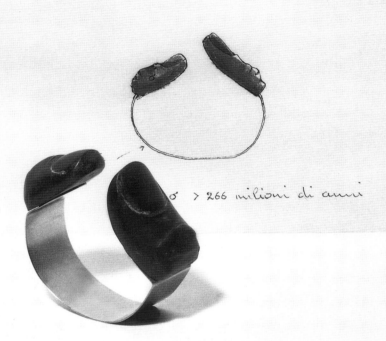

σ > 266 milioni di anni

47 »tempo«, 1976 Armschmuck|bracciale|bracelet
Eisen, Serpentin|ferro, serpentino|iron, serpentine
7 x 6,4 x 2 cm

48 »**tempo**«, **1976** Armschmuck|bracciale|bracelet
Weißgold, roter Marmor|oro bianco, marmo rosso|white gold, red marble
6,7 × 6,3 × 2,5 cm

LASER ENERGY

ALLA FINE DEGLI ANNI '70 IL MIO LAVORO FU INFLUENZATO DALL'INCONTRO
CON SYDNEY LEACH DELL'UNIVERSITA' DI PARIGI ALLORA DIRETTORE
DEL LABORATORIO DI FOTOFISICA MOLECOLARE DEL C.N.R.S. A ORLY.
FUI AFFASCINATO DA QUESTA PERSONA CHE INVESTIGAVA
L'INFINITAMENTE PICCOLO DELLA MOLECOLA NELL'INFINITAMENTE
GRANDE DELLE STELLE. SYDNEY LAVORAVA SULL'EFFETTO LASER
E SULLO SPETTRO DI EMISSIONE DI STELLE LONTANE MIGLIAIA
DI ANNI LUCE.
GLI ATOMI DI VARI ELEMENTI REAGISCONO IN UN MODO PARTICOLARE
SE STIMOLATI DA UNA SORGENTE DI ENERGIA. GLI ELETTRONI
PASSANO DALLA LORO ORBITA INIZIALE AD UN'ORBITA DI ENERGIA
PIU' ELEVATA, RESTANO IN QUESTO STATO ECCITATO DI ENERGIA
PER UN TEMPO DELL'ORDINE DI 10⁻⁸ SECONDI POI CEDONO
LA LORO ENERGIA SOTTO FORMA DI RADIAZIONE. IN CONDIZIONI
APPROPRIATE LA RADIAZIONE EMESSA PUO' STIMOLARE LA RADIAZIONE
COERENTE DI ALTRI ATOMI, PRODUCENDOSI COSI' L'EFFETTO LASER (LIGHT
AMPLIFICATION STIMULATING ENERGY REACTION).
CIO' CHE MI AFFASCINAVA ERA IL PASSAGGIO DELL'ENERGIA DA
UN LIVELLO ZERO AD UN LIVELLO UNO. QUESTO SALTO ERA
FANTASTICO, PENSAVO: ZERO E' IL NIENTE ASSOLUTO, UNO E' TUTTO,
IL PRINCIPIO DI TUTTO; FORSE NELL'ATTO DEL COMPRENDERE
E NELL'ATTO DELLA VITA AVVIENE QUALCOSA DI SIMILE?

LE FORMULE DI SYDNEY LEACH SONO PRESENTI IN TUTTI I MIEI
LAVORI SULL'ENERGIA.

Laser Energy

Ende der 70er Jahre wurde meine Arbeit durch die Begegnung mit Sydney Leach von der Universität Paris (der heutige Direktor des Labors für molekulare Photophysik der C.N.R.S. in Orly) beeinflußt.

Ich war fasziniert von dieser Person, die das unendlich Kleine der Moleküle im unendlich Großen der Sterne erforschte. Sydney arbeitete über den Lasereffekt und über das Spektrum der Strahlung von Sternen in Millionen von Lichtjahren Entfernung. Die Atome von verschiedenen Elementen reagieren auf eine bestimmte Art, als ob sie von einer Energiequelle stimuliert würden. Die Elektronen wandern von ihrer anfänglichen Umlaufbahn in eine von höherer Energie.

In diesem angeregten Zustand von Energie bleiben sie für eine Zeit von 10^{-8} Sekunden, dann weicht ihre Energie unter der Form der Radiation zurück. In passenden Konditionen kann die ausgesendete Radiation die kohärente Strahlung anderer Atome stimulieren, so produziert sie den Lasereffekt (Light Amplification Stimulating Energy Reaction).

Was mich faszinierte, war der Weg der Energie vom Niveau Null zum Niveau Eins. Dieser Sprung war phantastisch: Null ist das absolute Nichts, Eins ist dagegen alles, der Anfang von allem: Vielleicht geschieht im Akt des Begreifens und des Lebens etwas Ähnliches?

Die Formeln von Sydney Leach prägen alle meine Arbeiten zur Laserenergie.

49 »energy«, 1979 Ring | anello | ring
Feinsilber | argento puro | pure silver
3,8 × 2,8 × 3,2 cm

Laser Energy

Alla fine degli anni '70 il mio lavoro fu influenzato dall'incontro con Sydney Leach dell'Università di Parigi, allora direttore del laboratorio di fotofisica molecolare del C.N.R.S. a Orly.
Fui affascinato da questa persona che investigava l'infinitamente piccolo della molecola nell'infinitamente grande delle stelle. Sydney lavorava sull'effetto laser e sullo spettro di emissione di stelle lontane migliaia di anni luce.
Gli atomi di vari elementi reagiscono in un modo particolare se stimolati da una sorgente di energia. Gli elettroni passano dalla loro orbita iniziale ad un' orbita di energia più elevata. Restano in questo stato eccitato di energia per un tempo dell'ordine di 10^{-8} secondi poi cedono la loro energia sotto forma di radiazione. In condizioni appropriate la radiazione emessa può stimolare la radiazione coerente di altri atomi, producendosi così l'effetto laser (Light Amplification stimulating Energy Reaction).
Ciò che mi affascinava era il passaggio dell'energia da un livello zero ad un livello uno. È fantastico, pensavo, questo balzo: zero è il niente assoluto, uno è tutto, il principio di tutto; forse nell'atto di comprendere e nell'atto della vita avviene qualcosa di simile?

Le formule di Sydney Leach sono incise in tutti i miei lavori sull'energia.

Laser Energy

Late in the 1970s my work was influenced by my meeting Sydney Leach of the University of Paris (now Director of the Laboratory for Molecular Photophysics of C.N.R.S. in Orly).
I was fascinated with him as a person who was researching into the infinite tininess of molecules in the infinite vastness of the stars. Sydney was working on the laser effect and the spectrum of radiation from stars millions of light years away.
The atoms of different elements react in a specific way as if they had been stimulated by a source of energy. Electrons leave their original orbit for one with higher energy.
In this agitated state of energy they remain for a time of 10^{-8} seconds, then their energy returns in the form of radiation. Under suitable conditions the radiation which is beamed out can stimulate the coherent radiation of other atoms, thus producing the Laser Effect (Light Amplification Stimulating Energy Reaction).
What fascinated me was the way energy went from zero level to the level of one. This leap was fantastic: zero is absolutely nothing, one, on the other hand is everything, the beginning of everything. Perhaps something similar takes place in the act of understanding and living?
Sydney Leach's formulae have shaped all my work on Laser Energy.

50 »occhio«, **1980** Ring|anello|ring
Silber, Gelbgold|argento, oro giallo|silver, yellow gold
5 × 3 × 3 cm

52 »energy«, **1979** Ring|anello|ring
Feinsilber|argento puro|pure silver 4 × 2,8 × 3 cm

51 »energy«, **1979** Ring|anello|ring
Feinsilber|argento puro|pure silver 4,3 × 2,8 × 3 cm

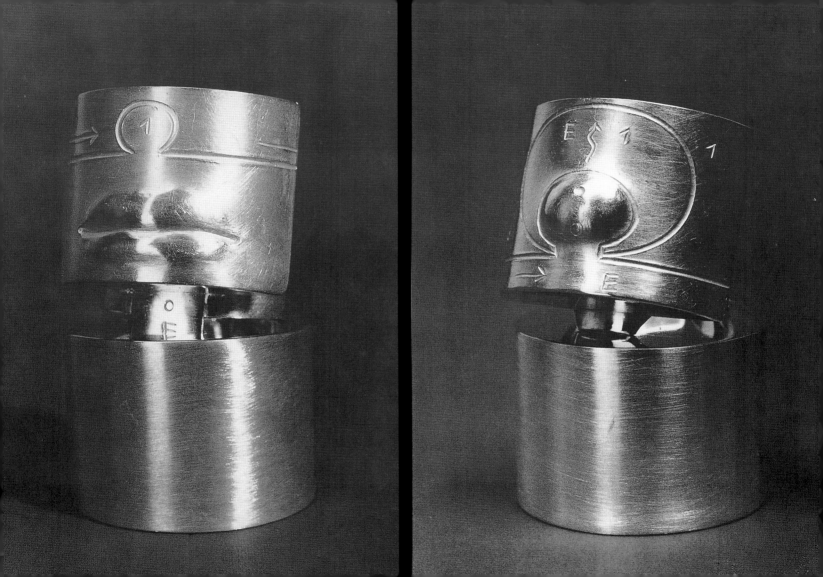

53 »**energy**«, **1978** Ring | anello | ring
Weißgold, Roségold | oro bianco, oro rosa | white gold, pink gold
3,3 × 2,6 × 1,9 cm

54 »**laser energy**«, **1979** Ring | anello | ring
Feingold | oro 24 k | pure gold
2 × 2 × 2 cm

55 »**laser energy**«, **1979** Ring | anello | ring
Feingold | oro 24 k | pure gold
1,6 × 1,9 × 2 cm

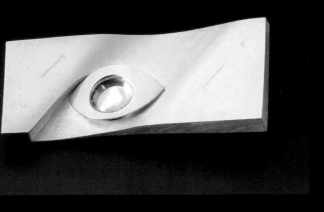

56 »**energy**«, **1991** Brosche | spilla | brooch
Roségold, Weißgold | oro rosa, oro bianco | pink gold, white gold
3,8 × 6,2 cm

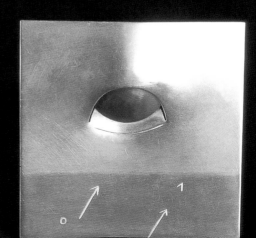

58 »laser energy«, 1979 Ring | anello | ring
Weißgold, Roségold | oro bianco, oro rosa | white gold, pink gold
2,2 × 2 × 2,2 cm

57 »energy«, 1989 Brosche | spilla | brooch
Silber, Weißgold | argento, oro bianco | silver, white gold 6 × 6 × 0,7 cm

REVERSIBILITA'

REVERSIBILITA' E' RIPERCORRERE UN CAMMINO GIA'
COMPIUTO, NOTO E INSIEME IGNOTO. AL RITORNO
DA QUESTO VIAGGIO, FUORI DAL COMPRENDERE
DELLA RAGIONE ABBIAMO INTUITO L'INTRECCIO
DI ALTRE DIMENSIONI DEL TEMPO, SIAMO CONSAPEVOLI
DI QUALCHE COSA CHE LA PRIMA VOLTA NON
AVEVAMO VISTO E RACCOLTO.
QUESTO RIANDARE, CON IL SUO ETERNO RIPETERSI,
CI CONSUMA E CI ARRICCHISCE, CI AIUTA A CERCARE
IL SENSO DELLA VITA, AD ACCETTARE IL SUO
MISTERO, I SUOI PARADOSSI.
LA TRAMA E' COMPLICATA, LE TEMATICHE SI ATTRAVERSANO
E SI INTRECCIANO; LE TRASFORMAZIONI, LA MATERIA,
L'ENERGIA, IL TEMPO FORSE SONO UN SOLO RACCONTO,
... UNITARIO

Reversibilitá (Umkehrbarkeit)

»Reversibilitá« bedeutet, einen bereits vollendeten Weg wieder-
zubegehen und zwar außerhalb der Zeit, bekannt und zugleich
doch nicht bekannt. Auf der Rückkehr von dieser Reise, ohne
dabei den Sinn zu verstehen, haben wir intuitiv eine Verknüp-
fung mit anderen Dimensionen der Zeit erkannt, wir sind uns
einer Sache bewußt, die wir vorher weder gesehen noch verstanden haben.
Dieses Zurückkehren, mit seinem ewigen Sich-Wiederholen, ver-
zehrt und bereichert uns und es hilft uns, den Sinn des Lebens
zu finden, sein Paradoxes zu entziffern und seine Geheimnisse
zu akzeptieren.
Der Vorgang ist kompliziert, die Themen überkreuzen sich und
sind miteinander verschlungen: Die Veränderungen, die Materie, die Energie und die Zeit sind vielleicht eine Erzählung oder
die Teile eines einheitlichen Gedichtes.

59 »reversibility«, **1993** Halsschmuck | collana | necklace
Gelbgold, Roségold | oro giallo, oro rosa | yellow gold, pink gold
16 × 18 cm; 5,5 × 6 cm

Reversibilità

Reversibilità è ripercorrere un cammino
già compiuto, noto e insieme ignoto. Al
ritorno da questo viaggio, fuori dal comprendere della ragione abbiamo intuito
l'intreccio di altre dimensioni del tempo,
siamo consapevoli di qualche cosa che la
prima volta non avevamo visto e raccolto.
Questo riandare, con il suo eterno ripetersi, ci consuma e ci arricchisce, ci aiuta
a cercare il senso della vita, ad accettare il
suo mistero, i suoi paradossi.
La trama è complicata, le tematiche si attraversano e si intrecciano: le trasformazioni, la materia, l'energia, il tempo, forse
sono un solo racconto, come le parti di un
poema unitario

Reversibilità (Reversibility)

»Reversibilità« means going back along a road one has traversed and, outside of time,
known and at the same time not known. On returning from this journey, without
having understood what it means, we have intuitively recognized a link with another
dimension of time; we are aware of a thing which we neither saw previously nor understood. This return, with its perpetual repetition, both consumes and enriches us and
helps us to find the meaning of life, to decipher its paradoxes and to accept its secrets.
The process is complex, the themes cross and are intertwined: changes, material, energy and time are perhaps a tale or part of a coherent poem.

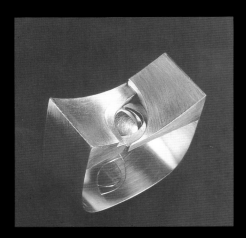

60 »**narciso**«, **1994** Armschmuck | bracciale | bracelet
Gelbgold, Roségold, Weißgold | oro giallo, oro rosa, oro bianco |
yellow gold, pink gold, white gold
7 x 6,5 x 3,5 cm

61 »episteme«, **1972** Armband | braccialetto | bracelet
Gelbgold, Weißgold | oro giallo, oro bianco | yellow gold, white gold
3 × 18 cm

62 »reversibilitá«, **1992** Armschmuck | bracciale | bracelet
Gelbgold, Weißgold | oro giallo, oro bianco | yellow gold, white gold
6,3 × 6 × 4,7 cm

63 »**metamorfosi**«, **1992** Armschmuck | bracciale | bracelet
       Gelbgold, Weißgold | oro giallo, oro bianco | yellow gold, white gold
       8 × 7 × 5,7 cm

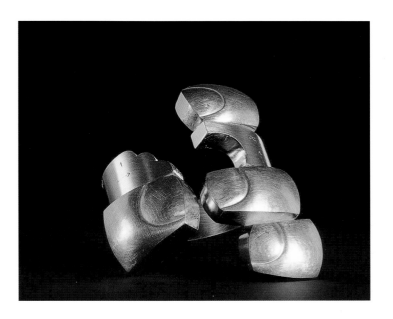

64 »**metamorfosi**«, **1995** Armschmuck | bracciale | bracelet
Gelbgold, Weißgold | oro giallo, oro bianco | yellow gold, white gold
Dm 6 cm; 6,5 × 7 cm

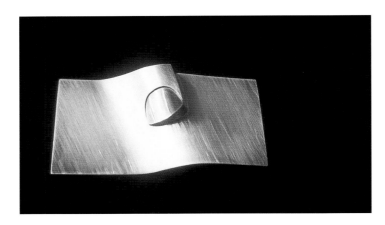

65 »**dito**«, **1993** Brosche | spilla | brooch
Weißgold, Gelbgold | oro bianco, oro giallo | white gold, yellow gold
3,9 × 6,9 cm

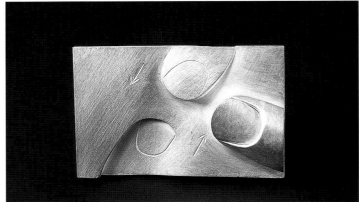

66 »**tre instanze**«, **1991** Brosche | spilla | brooch
Silber, Weißgold | argento, oro bianco | silver, white gold
3,9 × 6 cm

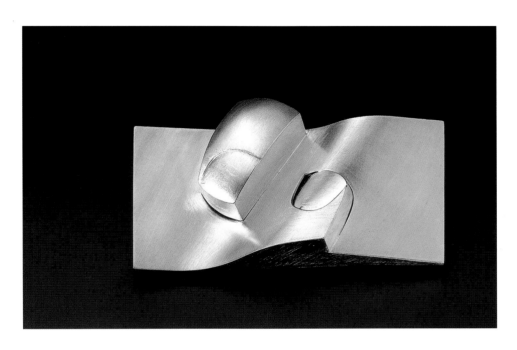

67 »**reversibilitá**«, **1993** Brosche | spilla | brooch
      Weißgold, Roségold | oro bianco, oro rosa | white gold, pink gold
    3,6 × 6,9 cm

124

68 »eco«, **1992** Ring|anello|ring
Gelbgold, Weißgold, Roségold|oro giallo, oro bianco, oro rosa|
yellow gold, white gold, pink gold
3,1 × 2,8 cm

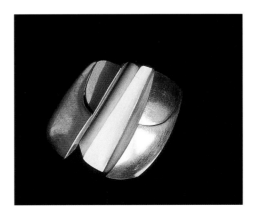

69 »**eco**«, **1993** Ring|anello|ring
Gelbgold, Weißgold|oro giallo, oro bianco|yellow gold, white gold
3 x 3,3 x 3 cm

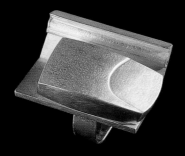

70 »**metamorfosi**«, **1996** Ring|anello|ring
Gelbgold, Roségold|oro giallo, oro rosa|yellow gold, pink gold
3,5 × 2,8 × 3,1 cm

71 »**metamorfosi**«, **1996** Ring|anello|ring
Gelbgold, Roségold|oro giallo, oro rosa|yellow gold, pink gold
4,1 × 3,5 × 3,2 cm

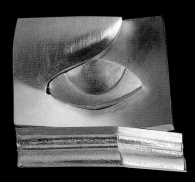

72 »**narciso**«, **1996** Brosche│spilla│brooch
Gelbgold, Roségold│oro giallo, oro rosa│yellow gold, pink gold
4,9 × 4,9 × 1,2 cm

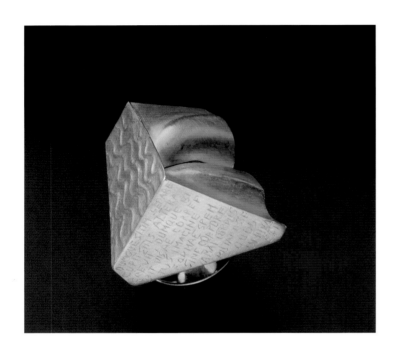

73 »**narciso**«, **1995** Ring | anello | ring
Gelbgold, Roségold | oro giallo, oro rosa | yellow gold, pink gold
3,7 × 3,2 × 3,8 cm

74 »**kaos**«, **1991** Armschmuck | bracciale | bracelet
Gelbgold, Weißgold | oro giallo, oro bianco | yellow gold, white gold
5,6 × 7 × 3,2 cm

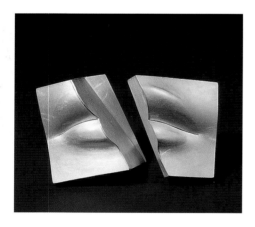

75 »kaos«, 1991 Doppelring|anello doppio|double ring
Gelbgold, Roségold|oro giallo, oro rosa|yellow gold, pink gold
3,2 × 3 cm; 3 × 3|2,5 cm

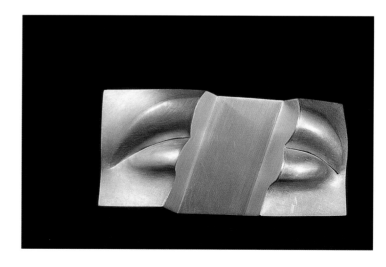

76 »kaos«, 1992 Brosche|spilla|brooch
Gelbgold, Roségold|oro giallo, oro rosa|yellow gold, pink gold
2,9 × 5,9 × 1,5 cm

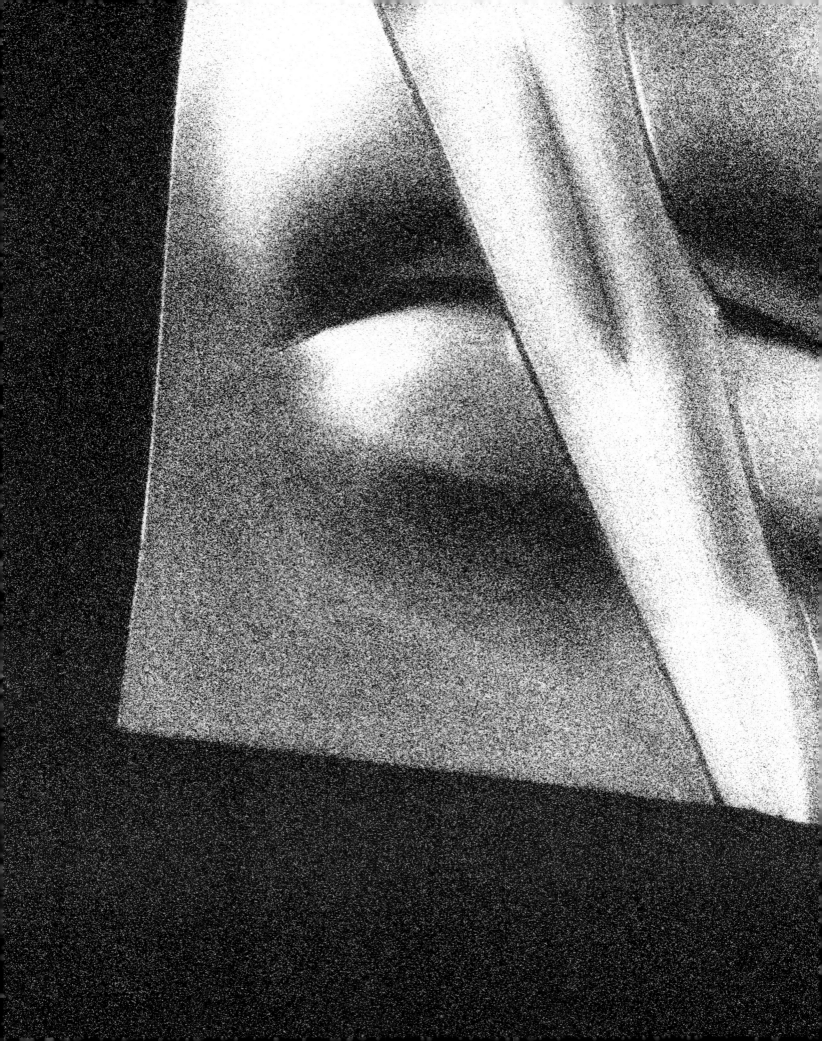

NARCISO

"Non ci dividono monti, non mura con chiuse le porte
ma sol un gocciolo d'acqua tien l'uno lontano dall'altro!
[...] si sforza di corrermi incontro
con resupina la bocca: diresti che noi ci tocchiamo [...]"
(Ovidio, Metamorfosi, III, 489)
Narciso poteva volgere la riflessione e la
speculazione in conoscenza, è rimasto prigioniero
di sè, e come uomo è morto.

Narciso

»Non ci dividono monti, non mura con chiuse
le porte ma sol un gocciolo d'acqua tien
l'uno lontano dall'altro! [...] Si sforza di corrermi incontro con resupina la bocca: diresti
che noi ci tocchiamo [...].« (Ovidio, Metamorfosi, III, 489)
Narciso poteva volgere la riflessione e la speculazione in conoscenza, è rimasto prigioniero di sè, e come uomo è morto.

NARCISO

"NON CI DIVIDONO MONTI, NON MURA CON CHIUSE LE PORTE
MA SOL UN GOCCIOLO D'ACQUA TIEN L'UNO LONTANO DALL'ALTRO!
[...] SI SFORZA DI CORRERMI INCONTRO
CON RESUPINA LA BOCCA: DIRESTI CHE NOI CI TOCCHIAMO [...]"
(OVIDIO, METAMORFOSI, III, 489)

NARCISO POTEVA VOLGERE LA RIFLESSIONE E LA
SPECULAZIONE IN CONOSCENZA, E' RIMASTO PRIGIONIERO
DI SE', E COME UOMO E' MORTO.

Narciso

»Nicht Berge trennen uns, keine Mauer mit verschlossenen Pforten,
nur ein Tropfen Wasser hält den einen vom anderen fern!
... Er strebt zu mir mit empor sich wendendem Munde.
Möglich scheint die Berührung ...«
(Ovid, Met. III, 489)

Narziß konnte Reflexion und Überlegung in Wissen umwandeln.
Aber er ist Gefangener seiner selbst geblieben, ist wie ein toter
Mensch.

Narciso

»Not mountains divide us, no wall with closed gates, only a drop of water keeps one
from the other!
... He yearns towards me with mouth turned upwards.
Touching seems possible ...«
(Ovid, Met. III, 489)

Narcissus could transform reflection and consideration into knowledge. But he remain-
ed a prisoner of his self, is like a dead person.

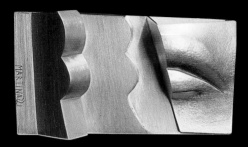

78 »narciso«, **1995** Brosche | spilla | brooch
Gelbgold, Roségold | oro giallo, oro rosa | yellow gold, pink gold
4 × 6,6 × 1,8 cm

77 »narciso«, **1995** Brosche | spilla | brooch
Gelbgold | oro giallo | yellow gold
3,7 × 6,6 cm

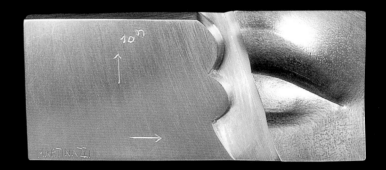

79 **»narciso«, 1995** Brosche | spilla | brooch
Gelbgold, Weißgold | oro giallo, oro bianco | yellow gold, white gold
3,5 × 7,5 × 1,4 cm

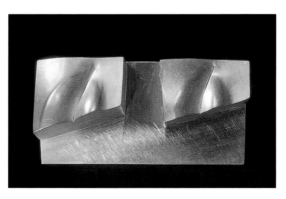

80 »**narciso**«, **1997** Ring | anello | ring
Gelbgold, Weißgold | oro giallo, oro bianco | yellow gold, white gold
3,3 × 3,3 × 3 cm

81 »**narciso**«, **1993** Brosche | spilla | brooch
Gelbgold, Roségold | oro giallo, oro rosa | yellow gold, pink gold
4 × 7 × 1,8 cm

82 »**bacio**«, **1997** Brosche | spilla | brooch
Gelbgold, Roségold | oro giallo, oro rosa | yellow gold, pink gold
4,5 × 5 × 1,6 cm

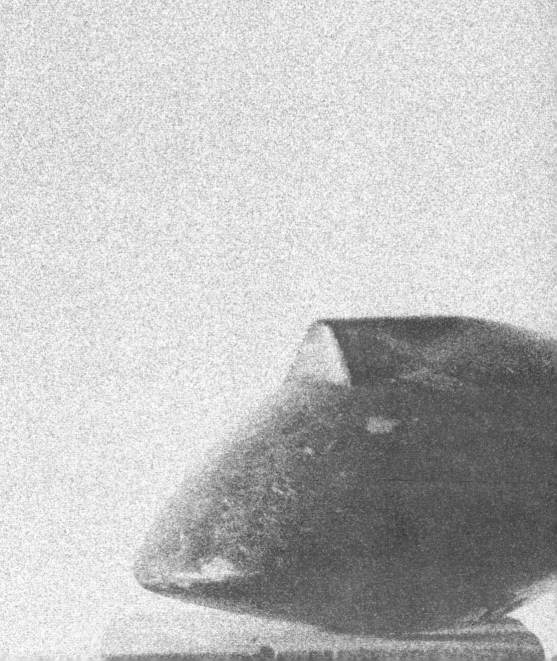

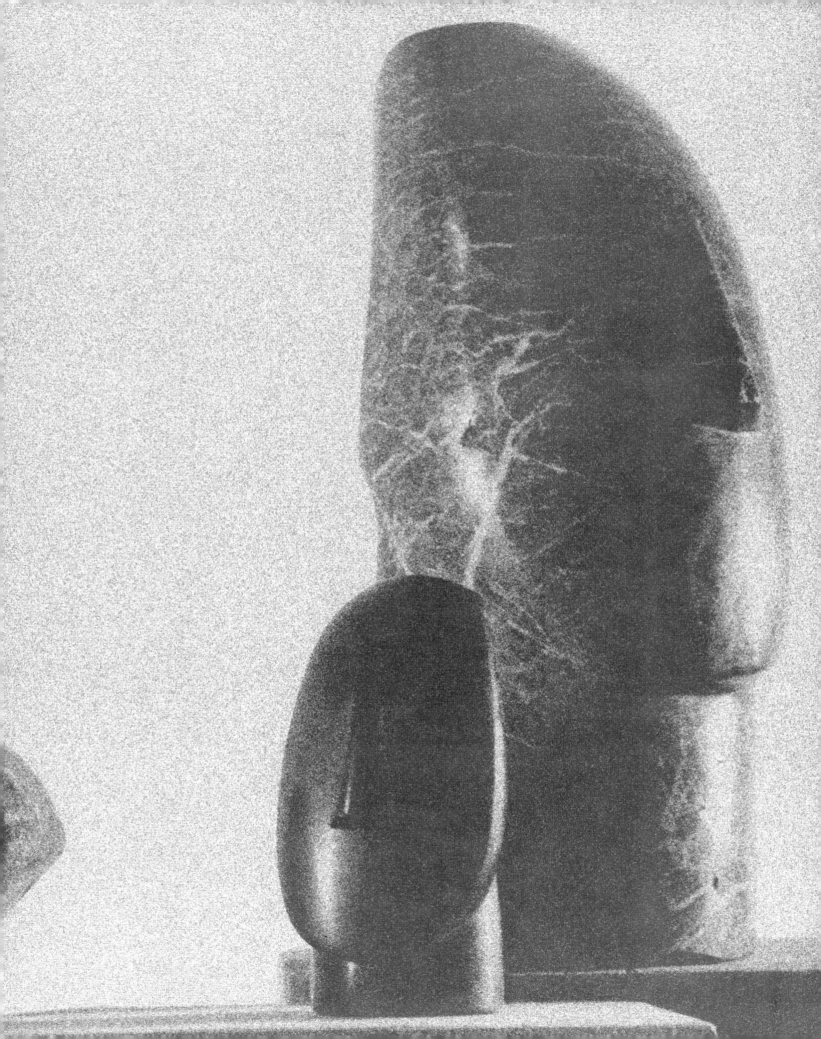

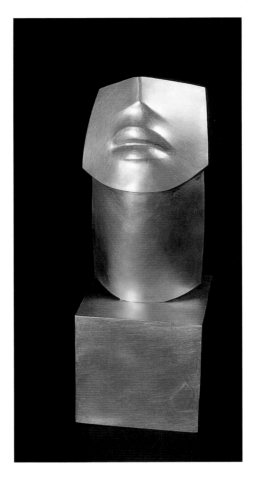

84 »**volto**«, 1997
Gelbgold | oro giallo | yellow gold
20,4 × 7,2 × 7,1 cm

83 »**narciso**«, 1996 Brosche | spilla | brooch
Gelbgold, Roségold | oro giallo, oro rosa | yellow gold, pink gold
5,1 × 6 × 2,1 cm

85 »il dio felice«, **1996** Brosche | spilla | brooch
Gelbgold, Roségold | oro giallo, oro rosa | yellow gold, pink gold
4,7 × 10,6 × 2,3 cm

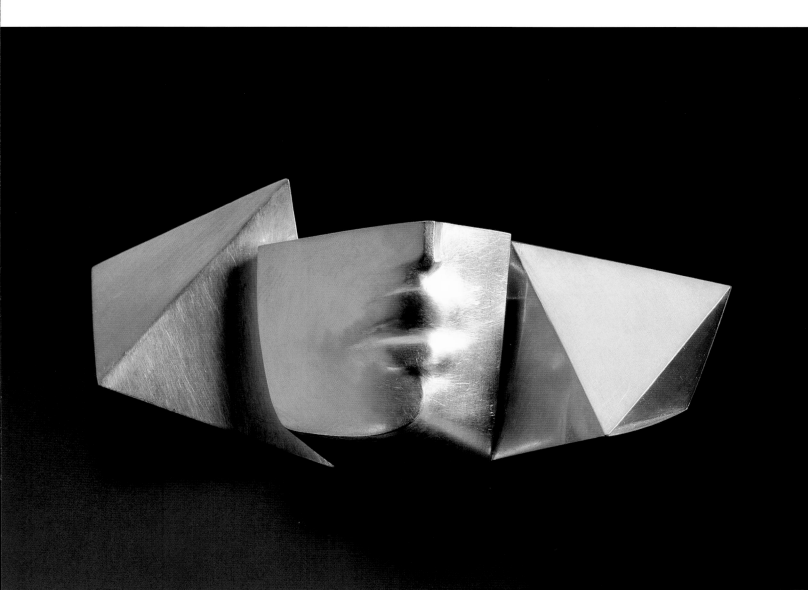

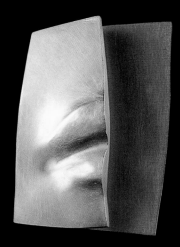

86 »narciso«, **1996** Brosche | spilla | brooch
Gelbgold, Roségold | oro giallo, oro rosa | yellow gold, pink gold
6 × 3,8 × 1,6 cm

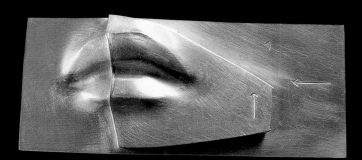

87 »narciso«, **1996** Brosche | spilla | brooch
Gelbgold, Roségold | oro giallo, oro rosa | yellow gold, pink gold
3,6 × 8,2 × 1 cm

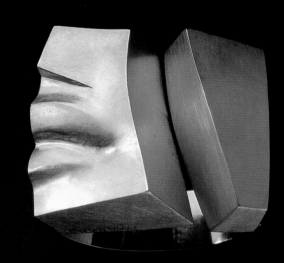

88 **»narciso«, 1996** Armschmuck | bracciale | bracelet
Gelbgold, Weißgold | oro giallo, oro bianco | yellow gold, white gold
5,7 × 5,8 × 6,3 cm

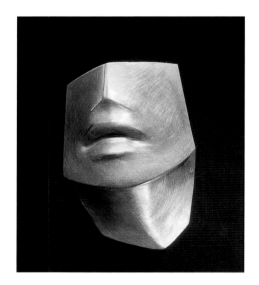 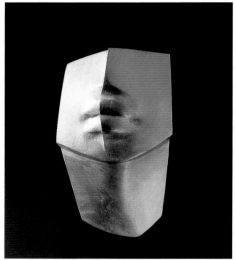

89 »**volto**«, **1996** Brosche | spilla | brooch
Gelbgold, Roségold | oro giallo, oro rosa | yellow gold, pink gold
7,5 × 4,5 cm

90 »**narciso**«, **1996** Brosche | spilla | brooch
Gelbgold | oro giallo | yellow gold
8,2 × 4,6 × 1,5 cm

91 »**aurea aetas**«, **1997** Brosche│spilla│brooch
Gelbgold, Weißgold│oro giallo, oro bianco│yellow gold, white gold
8,1 × 4,3 × 1,4 cm

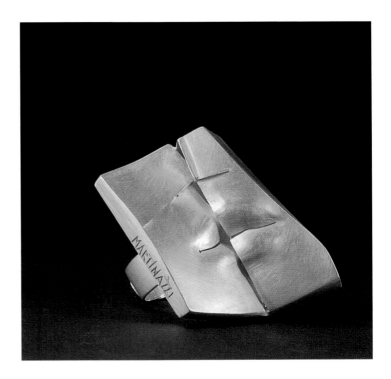

92 »**fileo**«, **1997** Ring│anello│ring
Gelbgold│oro giallo│yellow gold
3,9 × 2,3 × 3,1 cm

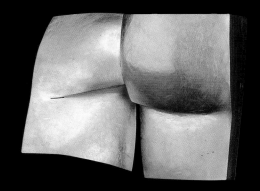

93 »**simmetrie**«, **1997** Brosche | spilla | brooch
Gelbgold, Roségold | oro giallo, oro rosa | yellow gold, pink gold
3,7 × 4,2 × 1,7 cm

94

95

96

97

98

99

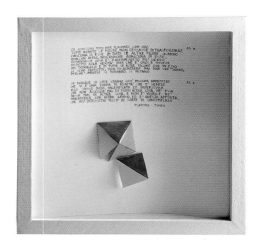

100   101

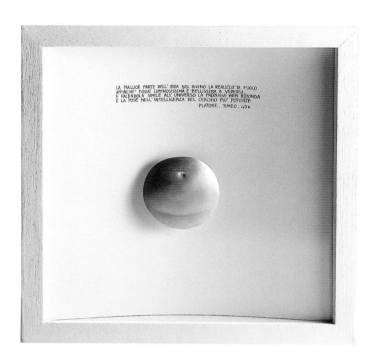

LA MAGGIOR PARTE DELL'IDEA DEL DIVINO LA REALIZZO' DI FUOCO
AFFINCHE' FOSSE LUMINOSISSIMA E BELLISSIMA A VEDERSI
E FACENDOLA SIMILE ALL' UNIVERSO LA PRODUSSE BEN ROTONDA
E LA POSE NELL' INTELLIGENZA DEL CERCHIO PIU' POTENTE
                    PLATONE, TIMEO, 40A

102

103

154   **1**   Brosche | spilla | brooch »guerrieri«
20 kt Gelbgold, getrieben, ziseliert; z.T. durchbrochen, getrennt und mit 18 kt Roségold
wieder zusammengefügt.
Oro giallo 20 k in lamina sbalzata e cesellata.
Alcune parti sono tagliate a traforo, dislocate e
risaldate con bandella di oro rosa 18 k.
20 ct yellow gold, chased, chiselled; partly
pierced, separated and joined together with
18 ct pink gold.
4,8 × 2,7 × 1,2 cm
Turin 1966

2   Brosche | spilla | brooch »santi«
Gelbgold, ziseliert; in 18 kt Roségoldrahmen
gelötet.
Oro giallo cesellato e saldato con bandella di
oro rosa 18 k.
Yellow gold, chiselled; soldered into an 18 ct
pink gold framework.
Turin 1958
Privatsammlung Biella

3   Halsschmuck | collana | necklace
20 kt Gelbgold, getrieben, ziseliert.
Lamina di oro giallo 20 k sbalzata e cesellata.
20 ct yellow gold, chased, chiselled.
Turin 1959
Privatsammlung Turin

4   Halsschmuck | collana | necklace
»spugna di platino«
20 kt Gelbgold; Platinschwamm; 2 runde
Kettenglieder.
Oro giallo 20 k lavorato a spugna di platino.
Due snodi ad anello.
20 ct yellow gold; platinum sponge; 2 round
chain links.
16,8 × 16 cm
Turin 1958

5   Brosche | spilla | brooch
20 kt Gelbgold, getrieben, ziseliert;
Platinschwamm; Diamantcarrées in Platin
gefaßt.
Lamina di oro giallo 20 k sbalzata e cesellata.
Colate di spugna di platino e diamanti quadra-
ti incastonati in platino.
20 ct yellow gold, chased, chiselled; platinum
sponge; table-cut diamonds set in platinum.
Turin 1965
Privatsammlung Turin

6   Brosche | spilla | brooch »moby dick«
20 kt Gelbgold, getrieben, ziseliert; z.T
Platinschwamm; 2 Diamanten in Platin gefaßt;
Einfassung aus 18 kt Roségold.
Lamina in oro giallo 20 k lavorata a sbalzo,
cesello e parzialmente a spugna di platino. Due
diamanti sono incastonati in platino, bordura in filo di oro rosa 18 k.
20 ct yellow gold, chased, chiselled; partly platinum sponge; 2 diamonds set in platinum;
mounted in 18 ct pink gold.
2,9 × 6,4 × 1 cm
Turin 1964

7   Brosche | spilla | brooch »crazy horse«
20 kt Gelbgold, getrieben, ziseliert; z.T
Platinschwamm; 2 Diamanten in Platin gefaßt;
Einfassung aus 18 kt Roségold.
Oro giallo 20 k in lamina lavorata a sbalzo,
cesello e parzialmente spugna in platino. Due
diamanti sono incastonati in platino, bordura
in filo di oro rosa 18 k.
20 ct yellow gold, chased, chiselled; partly
platinum sponge; 2 diamonds set in platinum;
mounted in 18 ct pink gold.
8,5 × 2,1 × 1 cm
Turin 1965

8   Armband | braccialetto | bracelet
18 kt Weißgold, z.T mit Platinschwamm über-
einanderlappend und miteinander verlötet;
Verschluß verdeckt mit 10 runden Diamanten
und 10 Saphircarrées, in Platin gefaßt.
Fasce in oro bianco 18 k lavorate parzialmente
a spugna di platino sovrapposte e saldate tra
di loro. 10 diamanti rotondi e 10 zaffiri quadra-
ti sono incastonati in platino e coprono una
cerniera che consente l'apertura del braccia-
letto.
18 ct white gold, partly with platinum sponge,
overlapping and soldered together; clasp
studded with 10 round diamonds and 10 table-
cut sapphires set in platinum.
1,9 × 6,7 × 6,2 cm
Turin 1965

9   Halsschmuck | collana | necklace
18 kt Weißgold, z.T mit Platinschwamm verlötet; mit 11 Diamanten und 6 Saphiren im
Navetteschliff, in Platin gefaßt; Kastenschloß.
Fasce in oro bianco, lavorate parzialmente di
platino sovrapposte e saldate tra di loro. 11 diamanti e 6 zaffiri tagliati a navette sono incastonati in platino e coprono uno snodo mobile
che consente l'apertura della collana. Chiusura
con fermatura a linguetta.
18 ct white gold, partly soldered with platinum sponge; set with 11 diamonds and 6
navette-cut sapphires in platinum; closed-back
clasp.
12,8 × 12,8 cm
Turin 1965

10   Armschmuck | bracciale | bracelet
20 kt Gelbgold, ziseliert; Platinschwamm;
Diamanten in Platin gefaßt; Öffnung durch
Scharnier, Kastenschloß mit Sicherung.
Lamina di oro giallo 20 k sbalzata, cesellata e
con colate di spugna di platino. I diamanti
sono incastonati in platino. Si apre con uno
snodo a cerniera, la fermatura è a linguetta
con sicurezza.
20 ct yellow gold, chiselled; platinum sponge;
diamonds set in platinum; hinged to open;
closed-back clasp with safety catch.
Turin 1964
Privatsammlung Biella

11   Armband | braccialetto | bracelet »grata«
20 kt Gelbgold, getrieben, graviert; 4
Scharniere; Kastenschloß.
Oro giallo 20 k in lamina sbalzata e incisa a
cesello. Quattro snodi a cerniera e fermatura a
linguetta.

20 ct yellow gold, chased, engraved; 4 hinges;
closed-back clasp.
2 × 6,3 × 6,1 cm
Turin 1960

12   Armband | braccialetto | bracelet
»marce della pace«
20 kt Gelbgold, getrieben, ziseliert; mit 18 kt
Roségold montiert; 12 bewegliche Glieder;
Kastenschloß mit Sicherung.
Lamine di oro giallo 20 k sbalzate, cesellate e
assemblate con lamine di oro rosa 18 k formano 12 elementi snodati che si chiudono con
fermatura a linguetta e sicurezza.
20 ct yellow gold, chased, chiselled; mounted
in 18 ct pink gold; 12 articulated links; closed-
back clasp with safety chain.
2,8 × 18 cm
Turin 1967
Privatsammlung Turin

13   Brosche | spilla | brooch »marce della pace«
20 kt Gelbgold, getrieben, graviert; auf 18 kt
Weißgold, mattiert, gelötet.
Oro giallo 20 k in lamina sbalzata e incisa a
cessello, saldato su lamina di oro rosa 18 k
opaca.
20 ct yellow gold, chased, engraved; soldered
on to 18 ct white gold, matt finish.
3,7 × 4,5 cm
Turin 1967

14   Brosche | spilla | brooch »occhio«
20 kt Gelbgold, getrieben und durchbrochen;
auf 18 kt Rotgold montiert; hochglanzpolier-
tes, 18 kt Weißgoldplättchen eingelötet.
Lamine di oro giallo 20 k sbalzate, traforate e
assemblate con oro rosa 18 k lucidato a
specchio. È saldata una lamina di oro bianco
18 k.
20 ct yellow gold, chased and pierced; mounted in 18 ct red gold; high-gloss finish, with
soldered on 18 ct white gold scales.
4 × 4,5 cm
Turin 1968
Schmuckmuseum Pforzheim

15   Brosche | spilla | brooch »back side«
925 Silber, getrieben, ziseliert.
Lamina di argento 925 | 000 sbalzato cesello.
925 silver, chased, chiselled.
3,1 × 3,8 × 1 cm
Turin 1968

16   Brosche | spilla | brooch
»mouth · economic growth«
20 kt Gelbgold, durchbrochen, modelliert mit
Treib- und Ziselierarbeit; 18 kt
Weißgoldplättchen angelötet.
Oro giallo 20 k traforato e modellato a sbalzo e
cesello. È salata una piccola lamina di oro
bianco 18 k.
20 ct yellow gold, pierced, modelled with chas-
ing and chiselling; with soldered on 18 ct
white-gold scales.
3,4 × 4 cm
Turin 1968
Privatsammlung Amsterdam

17 Ring | anello | ring »donna«
925 Silber, getrieben, ziseliert und montiert;
in der Basis befindet sich eine Vertiefung, in
die der Ring eingesetzt wird.
Lamine di argento 925|000 sbalzate, cesellate e
assemblate. La base porta un incavo nel quale
si inserisce l'anello.
925 silver, chased, chiselled mount; in the base
there is a depression into which the ring shank
is fitted.
5,7 × 3,3 × 2,6 cm
Turin 1979
Sammlung Wuppertaler Uhrenmuseum

18 Ring | anello | ring »Venus«
18 kt Gelbgold, getrieben, ziseliert und montiert.
18 k oro giallo in lamine sbalzate, cesellate e
assemblate.
18 ct yellow gold, chased, chiselled, mounted.
Turin 1980

19 Ohrschmuck | orecchini | earrings
20 kt Gelbgold, getrieben, ziseliert.
Lamina di oro giallo 20 k sbalzata e cesellata.
20 ct yellow gold, chased, chiselled.
Turin 1971
Privatsammlung Turin

20 Halsschmuck | necklace | collana »apple line«
20 kt Gelbgold, getrieben, mit 18 kt Weißgold
montiert. Reif: 20 kt Gelbgold, getrieben, mit
18 kt Roségold montiert; 3 runde Kettenglieder
und ein Kastenschloß.
Oro giallo 20 k modellato a sbalzo assemblato
con lamine di oro bianco 18 k smerigliate. Giro
collo in lamina di oro giallo 20 k sbalzato e
assemblato con lamine di oro rosa 18 k. Tre
snodi ad anello e fermatura a linguetta.
20 ct yellow gold, chased, mounted in 18 ct
white gold. Bangle: 20 ct yellow gold, chased,
mounted in 18 ct pink gold; 3 round chain
links and a closed-back clasp.
16,8 × 12 × 3 cm
Turin 1970
Privatsammlung Amsterdam

21 Manschettenknöpfe | polsini | cuff links »mela«
20 kt Gelbgold, getrieben; auf 18 kt Weißgold,
mattiert, z.T. hochglanzpoliert, montiert.
Lamine di oro giallo 20 k sbalzato assemblate a
lamine di oro bianco 18 k smerigliate e parzialmente lucidate a specchio.
20 ct yellow gold, chased; mounted in 18 ct
white gold, matt finish, partly high-gloss
finish.
3,7 × 2,5 × 2,2 cm
Turin 1974

22 Ring | anello | ring »mela«
18 kt Weißgold, 20 kt Gelbgold, getrieben,
ziseliert.
Lamina di oro bianco 18 k, oro giallo 20 k
sbalzata e cesellata.
18 ct white gold, 20 ct yellow gold, chased,
chiselled.
Turin 1971
Privatsammlung Turin

23 Brosche | spilla | brooch »mela«
20 kt Gelbgold, getrieben und ziseliert; mit 18
kt Weißgold montiert.
Lamine di oro giallo 20 k sbalzate, cesellate e
assemblate con lamine di oro bianco 18 k.
20 ct yellow gold chased and chiselled; mounted in 18 ct white gold.
5,8 × 5,8 cm
Turin 1972
Schmuckmuseum Pforzheim

24 Armschmuck | bracciale | bracelet »dito«
20 kt Gelbgold, getrieben, ziseliert und gelötet;
Spange aus 18 kt Weißgold, hochglanzpoliert.
Oro giallo 20 k in 2 lamine sbalzate cesellate e
saldate insieme, la fascia del bracciale è in oro
bianco 18 k lucidato a specchio.
20 ct yellow gold, chased, chiselled and
soldered; bangle of 18 ct white gold, high-gloss
finish.
6,2 × 4 × 7 cm
Turin 1990

25 Armschmuck | bracciale | bracelet »fingers«
20 kt Gelbgold, getrieben, ziseliert und montiert; auf mit Spannung gehärtete, hochglanz-
polierte Spange aus 18 kt Weißgold aufgelötet.
Lamine di oro giallo 20 k sbalzate, cesellate e
assemblate. Sono saldate a una lamina di oro
bianco 18 k elastica e lucidata a specchio.
20 ct yellow gold, chased, chiselled mount;
soldered on to a hardened, flexible, high-gloss
bangle of 18 ct white gold.
6 × 7 cm
Turin 1970
Privatsammlung Amsterdam

26 Brosche | spilla | brooch »monumento al dito«
20 kt Gelbgold, getrieben, ziseliert und mit
18 kt Weißgold und 18 kt Roségold montiert.
Lamine di oro giallo 20 k sbalzate, cesellate e
assemblate, lamine di oro bianco 18 k assemblate, lamine di oro rosa 18 k.
20 ct yellow gold, chased, chiselled and mounted in 18 ct white gold and 18 ct pink gold.
7,9 × 4,5 cm
Turin 1973
Schmuckmuseum Pforzheim

27 Ring | anello | ring »dito«
20 kt Gelbgold, getrieben, ziseliert, gelötet.
Due lamine di oro giallo 20 k sbalzate e
cesellate sono saldate insieme.
20 ct yellow gold, chased, chiselled, soldered.
4,6 × 2,3 × 1,3 cm
Turin 1973

28 Ring | anello | ring »dito«
18 kt Weißgold, poliert; mit 18 kt Roségold,
matt, montiert.
Due lamine di oro bianco 18 k lucidate e
assemblate con lamine di oro rosa 18 k opaco.
18 ct white gold, polished; mounted in 18 ct
pink gold, matt finish.
4,1 × 1,8 × 1,9 cm
Turin 1989

29 Brosche | spilla | brooch »homo sapiens«
20 kt Gelbgold, getrieben, ziseliert; mit 18 kt
Roségold und 18 kt Weißgold montiert.

Lamine di oro giallo 20 k sbalzata e cesellata;
assemblata con lamine di oro rosa 18 k e
lamine di oro bianco 18 k.
20 ct yellow gold, chased, chiselled; mounted
in 18 ct pink and white gold.
4,7 × 5,8 × 1,3 cm
Turin 1975

30 Halsschmuck | collana | necklace »w.lib.«
Federnder Reif, innen 18 kt Roségold, außen
18 kt Weißgold, mattiert, miteinander verlötet; darauf Finger in 20 kt Gelbgold, getrieben,
ziseliert, montiert.
Due lamine smerigliate, una interna di oro
giallo 18 k e una esterna di oro bianco 18 k
sono saldate tra loro e formano il giro collo
che si allarga a molla, ad esso sono saldate
lamine di oro rosa 20 k sbalzate, cesellate e
assemblate.
Flexible choker, inside 18 ct pink gold, outside
18 ct white gold, matt finish, soldered
together; on it finger mounted in 20 ct yellow
gold, chased, chiselled.
5,5 × 12 × 12 cm
Turin 1971
Museum für Kunst und Gewerbe Hamburg

31 Armschmuck | bracciale | bracelet »goldfinger«
20 kt Gelbgold, getrieben, ziseliert und montiert; auf mit Spannung gehärtete, hochglanz-
polierte Spange aus 18 kt Weißgold aufgelötet.
Lamine di oro giallo 20 k sbalzate, cesellate e
assemblate. Saldate con bracciale di oro bianco
18 k elastica, lucidata a specchio.
20 ct yellow gold, chased, chiselled mount;
soldered on to hardened, elastic bangle with a
high-gloss finish.
6,2 × 9 cm
Turin 1969
Schmuckmuseum Pforzheim

32 Armschmuck | bracciale | bracelet »wrench«
18 kt Weißgold getrieben, montiert mit 18 kt
Roségold; federnde Spange aus 18 kt Weißgold.
Lamina di oro bianco 18 k sbalzata e assemblata con lamine di oro rosa 18 k; una lamina
di oro bianco 18 k consente l'apertura a molla.
18 ct white gold, chased, mounted in 18 ct pink
gold; elastic bangle of 18 ct white gold.
6 × 5,8 × 5,4 cm
Turin 1973

33 Armschmuck | bracciale | bracelet
»metamorfosi 1«
20 kt Gelbgold, getrieben, ziseliert; mit 18 kt
Roségold montiert; auf federnder Spange, die
in sphärischer Form aus 20 kt Gold mündet;
auf 18 kt Weißgold, poliert, gelötet.
Lamine di oro giallo 20 k sbalzate, cesellate e
assemblate con lamine di oro bianco 18 k sono
saldate a una lamina di oro rosa 18 k lucidato,
che si apre a molla e termina con una forma
sferica in oro 20 k.
20 ct yellow gold, chased, chiselled; mounted
in 18 ct pink gold; on a flexible bangle ending
in a 20 ct gold spherical form; soldered on to
18 ct white gold, polished.
5 × 5,5 × 4,7 cm
Turin 1973
Privatsammlung Padua

34 Halsschmuck | collana | necklace »misura«
18 kt Weißgold und 20 kt Gelbgold, getrieben, montiert.
Oro bianco 18 k e oro giallo 20 k in lamine sbalzate e assemblate.
18 ct white gold and 20 ct yellow gold, chased, mounted.
16 × 13 cm
Turin 1976
Privatsammlung Paris

35 Halsschmuck | collana | necklace »peso«
18 kt Weißgold und 20 kt Gelbgold.
Oro bianco 18 k e oro giallo 20 k.
18 ct white gold and 20 ct yellow gold.
16 × 13 cm
Turin 1976

36 Halsschmuck | collana | necklace »misure«
18 kt Weißgold, Roségold und roter Marmor aus der Levante. Geologische Angaben: Kalk aus Serpentinfels (vortriassisch, 250 Millionen Jahre).
Oro bianco 18 k, oro rosa 18 k, marmo rosso levanto. Mappa geologica di riferimento. Oficalce (pretriassico, 250 milioni di anni).
18 ct white gold, pink gold and red Near Eastern marble. Geological data: limestone from serpentine rock (pre-Triassic, 250 million years).
18 × 14 cm
Turin 1977

37 Halsschmuck | collana | necklace »misura«
18 kt Weißgold und schwarzer belgischer Marmor. Geologische Angaben: 250 Millionen Jahre.
Oro bianco 18 k e marmo nero belgio, riferimento geologico, 250 milioni di anni.
18 ct white gold and black Belgian marble. Geological data: 250 million years.
Dm 13,5 cm; Länge (Marmor) 10 cm
Turin 1976

38 Halsschmuck | collana | necklace »misura«
18 kt Weißgold und roter Marmor aus der Levante. Geologische Angaben: Kalk aus Serpentinfels (vortriassisch, 250 Millionen Jahre).
Oro bianco 18 k e marmo rosso levanto. Mappa geologica di riferimento. Oficalce (pretriassico, 250 milioni di anni).
18 ct white gold and red Near Eastern marble. Geological data: limestone from serpentine rock (pre-Triassic, 250 million years).
Dm 13 cm, (Marmor) 4 × 0,5 × 0,5 cm
Turin 1976

39 Metermaß | decimetro | measurement »metro«
Feinsilber und roter Marmor der Levante. Kalk aus Serpentinfels (vortriassisch, 250 Millionen Jahre).
Argento puro e marmo rosso levanto (oficalce, pretriassico 250 milioni di anni).
Fine silver and red Near Eastern marble. Limestone from serpentine rock (pre-Triassic, 250 million years).
10 × 1,8 × 2 cm
Turin 1976

40 Metermaß | decimetro | measurement »metro«
18 kt Weißgold und schwarzer belgischer Marmor (Kalk, 250 Millionen Jahre).
Oro bianco 18 k e marmo nero belgio (calcare marmoreo, 250 milioni di anni).
18 ct white gold and black Belgian marble (limestone, 250 million years).
10 × 1,6 × 2 cm
Turin 1976

41 Ring | anello | ring »misura«
925 Silber und roter Marmor der Levante. Geologische Angaben: Kalk aus Serpentinfels (vortriassisch, 250 Millionen Jahre).
Argento 925 | 000 e marmo rosso levanto. (Oficalce pretriassico, 250 milioni di anni).
925 silver and red Near Eastern marble. Geological data: limestone from serpentine rock (pre-Triassic, 250 million years).
4 × 2 × 2,6 cm
Turin 1975

42 Ring | anello | ring »metro«
Eisen und Stein. Geologische Angaben: Sandstein (Eozän, 58 Millionen Jahre).
Ferro e pietra. Mappa geologica di riferimento. Arenaria (eocente 58 milioni di anni).
Iron and stone. Geological data: sandstone (Eocene, 58 million years).
10 × 3,6 × 2,2 cm
Ansedonia 1975

43 Ring | anello | ring »tempo«
20 kt Gelbgold und Stein. Geologische Angaben: Schiefer vom val roya (triassisch, 180 Millionen Jahre).
Oro giallo 20 k e pietra. Mappa geologica di riferimento, scisto della val roya (triassico, 180 milioni di anni).
20 ct yellow gold and stone. Geological data: shale from Val Roya (Triassic, 180 million years).
3,3 × 1,9 × 2,9 cm
Turin 1975

44 Ring | anello | ring »dita«
18 kt Weißgold, gefräst, z.T. hochglanzpoliert; Serpentin.
Fascia di oro bianco 18 k con sagomatura, in parte lucidata e marmo serpentino.
18 ct white gold, milled, partly high-gloss finish; serpentine.
Turin 1977
Privatsammlung Wien

45 Ring | anello | ring »tempo«
18 kt Roségold, Kupfer, roter Marmor der Levante. Geologische Angaben: Kalk aus Serpentinfels (vortriassisch, 250 Millionen Jahre).
Oro rosa 18 k, rame, marmo rosso levanto. Mappa geologica di riferimento. Oficalce (pretriassico, 250 milioni di anni).
18 ct pink gold, copper, red Near Eastern marble. Geological data: limestone from serpentine rock (pre-Triassic, 250 million years).
4 × 2,5 × 4,7 cm
Turin 1976

46 Ring | anello | ring »tempo«
20 kt Gelbgold und Serpentin vom Ortasee. Geologische Angaben: Serpentin (Ober-Karbon, 266 Millionen Jahre).
Oro giallo 20 k e marmo serpentino del lago d'orta. Mappa geologica di firerimento. Serpentina (precarbonifero, 266 milioni di anni).
20 ct yellow gold and serpentine from Lake Orta. Geological data: serpentine (Upper Carboniferous, 266 million years).
4,3 × 2,2 × 1,9 cm
Turin 1976

47 Armschmuck | bracciale | bracelet »tempo«
Bruniertes Eisen und Serpentin vom Ortasee. Geologische Angaben: Serpentin (Ober-Karbon, 266 Millionen Jahre).
Ferro brunito e marmo serpentino del lago d'orta. Mappa geologica di riferimento. Serpentina (precarbonifero, 266 milioni di anni).
Polished iron and serpentine from Lake Orta. Geological data: serpentine (Upper Carboniferous, 266 million years).
7 × 6,4 × 2 cm
Turin 1976

48 Armschmuck | bracciale | bracelet »tempo«
14 kt Weißgold und roter Marmor aus der Levante. Geologische Angaben: Kalk aus Serpentinfels (vortriassisch, 250 Millionen Jahre).
Oro bianco 14 k e marmo rosso levanto. Mappa geologica di riferimento. Oficalce (pretriassico, 250 milioni di anni).
14 ct white gold and red Near Eastern marble. Geological data: limestone from serpentine rock (pre-Triassic, 250 million years).
6,7 × 6,3 × 2,5 cm
New York 1976

49 Ring | anello | ring »energy«
Basis und Ring aus Feinsilber; Ring getrieben und LASER-Formel eingraviert.
Base e anello sono in argento puro, l'anello è sbalzato e inciso a cesello con formule laser.
Base and ring of fine silver; ring chased and engraved with LASER formulae.
3,8 × 2,8 × 3,2 cm
Turin 1979

50 Ring | anello | ring »occhio«
925 Silber und 20 kt Gelbgold, getrieben, ziseliert und montiert.
Lamine di argento 925 | 000 e una lamina di oro giallo 20 k sbalzate, cesellate e assemblate.
925 silver and 20 ct yellow gold, chased, chiselled mount.
5 × 3 × 3 cm
Turin 1980
Privatsammlung Wien

51 Ring | anello | ring »energy«
Basis und Ring aus Feinsilber; Ring getrieben und LASER-Formel eingraviert.
Base e anello sono in lamine di argento puro, l'anello è sbalzato e inciso a cesello con formule laser.

Base and ring of fine silver; ring chased and engraved with LASER formulae.
4,3 × 2,8 × 3 cm
Turin 1979

52 Ring | anello | ring »energy«
Basis und Ring aus Feinsilber; Ring getrieben und LASER-Formel eingraviert.
Base e anello sono in lamine di argento puro, l'anello è sbalzato e inciso a cesello con formule laser.
Base and ring of fine silver; ring chased and engraved with LASER formulae.
4 × 2,8 × 3 cm
Turin 1979

53 Ring | anello | ring »energy«
18 kt Weißgold, getrieben, poliert, graviert; mit 18 kt Roségold, matt, montiert.
Lamine di oro bianco 18 k sbalzate, lucidate, incise a cesello e assemblate con lamine di oro rosa 18 k opache.
18 ct white gold, chased, polished, engraved; mounted in 18 ct pink gold, matt finish.
3,3 × 2,6 × 1,9 cm
Turin 1978

54 Ring | anello | ring »laser energy«
24 kt Gold, getrieben; die LASER-Formel eingraviert.
Oro 24 k, fascia sbalzata e incisa a cesello con formule riferite all'effetto laser.
24 ct gold, chased; engraved with the LASER formulae.
2 × 2 × 2 cm
Turin 1979

55 Ring | anello | ring »laser energy«
24 kt Gold, getrieben; die LASER-Formel eingraviert.
Oro 24 k, fascia sbalzata e incisa a cesello con formule riferite all'effetto laser.
24 ct gold, chased; engraved with the LASER formulae.
1,6 × 1,9 × 2 cm
Turin 1979

56 Brosche | spilla | brooch »energy«
18 kt Roségold, mattiert, graviert; mit 18 kt Weißgold montiert.
Lamine di oro rosa 18 k smerigliate e incise a cesello, assemblate con oro bianco 18 k.
18 ct pink gold, matt finish, engraved; mounted in 18 ct white gold.
3,8 × 6,2 cm
Turin 1991

57 Brosche | spilla | brooch »energy«
925 Silber, getrieben, graviert; 18 kt Weißgold; Broschierung aus 18 kt Weißgold.
Lamina di argento 925 | 000 sbalzata e incisa a cesello, lamina di oro bianco 18 k, ago in oro bianco 18 k.
925 silver, chased, engraved; 18 ct white gold; 18 ct white gold framework.
6 × 6 × 0,7 cm
Turin 1989

58 Ring | anello | ring »laser energy«
18 kt Weißgold, getrieben, mattiert und eingeritzt mit Radiernadel; auf inneres Band aus 18 kt Roségold gelötet.
Lamina di oro bianco 18 k sbalzata, finita a smeriglio e incisa a bulino, è saldata alla fascia interna che è in oro rosa 18 k.
18 ct white gold, chased, matt finish and incised with etching needle; soldered on to an inner ring of 18 ct pink gold.
2,2 × 2 × 2,2 cm
Turin 1979

59 Halsschmuck | collana | necklace »reversibility«
20 kt Gelbgold, geschmiedet und ziseliert; mit 18 kt Roségold montiert; Reif aus 20 kt Gelbgold, getrieben; 18 kt Roségold angelötet; 2 bewegliche, runde Kettenglieder und ein Kastenschloß mit Sicherung.
Lamine di oro giallo 20 k modellate a martello con sbalzo e finitura a cesello. Assemblate con lamine doro rosa 18 k. Il giro collo è in lamina rigida di oro giallo 20 k sbalzata a cesello saldata ad un'altra lastra di oro rosa 18 k. Due snodi mobili ad anello e fermatura a linguetta con sicurezza.
20 ct yellow gold, beaten and chiselled; 18 ct pink gold mounted; bangle of 20 ct yellow gold, chased; 18 ct pink gold soldered on; 2 articulated round chain links and a closed-back clasp with safety catch.
16 × 18 cm und 5,5 × 6 cm
Turin 1993
Privatsammlung Wien

60 Armschmuck | bracciale | bracelet »narciso«
20 kt Gelbgold, matt, mit 18 kt Roségold montiert; federnde Spange aus 18 kt Weißgold, mattiert, graviert; oben geöffnet.
Lamine di oro giallo 20 k opaco assemblate con lamine di oro rosa 18 k, sono saldate ad una lamina a fascia smerigliata e parzialmente incisa a cesello di oro bianco 18 k elastico che si apre a molla.
20 ct yellow gold, mounted in 18 ct pink gold; flexible bangle of 18 ct white gold, matt finish, engraved, open at the top.
7 × 6,5 × 3,5 cm
Turin 1994
Privatsammlung Wien

61 Armband | braccialetto | bracelet »episteme«
20 kt Gelbgold, getrieben, ziseliert, montiert; auf 18 kt Weißgoldband gelötet; mit 4 Scharnieren und Bajonettverschluß.
Lamine di oro giallo 20 k sbalzate, cesellate e assemblate. Sono saldate a una fascia di oro bianco 18 k che ha quattro snodi a cerniera e una chiusura a baionetta.
20 ct yellow gold, chased, chiselled mount; soldered on to 18 ct white gold band; with 4 hinges and fastened with bayonet fitting.
3 × 18 cm
Turin 1972

62 Armschmuck | bracciale | bracelet »reversibilitá«
20 kt Gelbgold, ziseliert, montiert; auf großes 18 kt Weißgoldblech gelötet, mattiert.
Lamine di oro giallo 20 k sbalzate, cesellate e assemblate, sono saldate ad una larga lamina di oro bianco 18k smerigliato che si apre a molla.
20 ct yellow gold, chiselled mount; soldered on to a large sheet of 18 ct white gold, matt finish.
6,3 × 6 × 4,7 cm
Turin 1992

63 Armschmuck | bracciale | bracelet »metamorfosi«
20 kt Gelbgold, getrieben, ziseliert; mit 18 kt Weißgold montiert; Spange gefräst, mattiert.
Lamine di oro giallo 20 k sbalzate e cesellate assemblate fra loro con lamine di oro bianco 18 k, la fascia del bracciale è sagomata e finita a smeriglio.
20 ct yellow gold, chased, chiselled; mounted in 18 ct white gold; bangle milled, matt finish.
8 × 7 × 5,7 cm
Turin 1992

64 Armschmuck | bracciale | bracelet »metamorfosi«
20 kt Gelbgold, getrieben, ziseliert; federnde Spange aus 18 kt Weißgold, teilweise aus 20 kt Gelbgold, matt, graviert, montiert.
Lamine di oro giallo 20 k sbalzate, cesellate e assemblate con saldate a una lamina di oro bianco 18 k elastica, ce si apre a molla, parzialmente costruita con lamine di oro giallo 20 k smerigliata e con incisioni a cesello.
20 ct yellow gold, chased, chiselled; flexible bangle of 18 ct white gold, partly 20 ct yellow gold, matt finish, engraved mount.
Dm 6 cm und 6,5 × 7 cm
Turin 1995
Privatsammlung Wien

65 Brosche | spilla | brooch »dito«
18 kt Weißgold, 20 kt Gelbgold, getrieben, durchbrochen und montiert; Oberfläche mattiert, zum Teil poliert.
Lamina di oro bianco 18 k e lamine di oro giallo 20 k traforata, sbalzata e assemblata. Finita a smeriglio con una parte lucidata.
18 ct white gold, 20 ct yellow gold, chased, pierced mount; matt finish, partly polished.
3,9 × 6,9 cm
Turin 1993
Privatsammlung Biella

66 Brosche | spilla | brooch »tre instanze«
925 Silber, getrieben; Broschierung aus 18 kt Weißgold.
Lamina di argento 925 | 000 sbalzata, l'ago è in oro bianco 18 k.
925 silver, chased; 18 ct gold framework.
3,9 × 6 cm
Turin 1991

67 Brosche | spilla | brooch »reversibilitá«
18 kt Weißgold, getrieben und durchbrochen; mit 18 kt Roségold montiert.
Lamine di oro bianco 18 k traforate, sbalzate e assemblate con lamine di oro rosa 18 k.

18 ct white gold, chased and pierced;
18 ct pink gold mounted.
3,6 × 6,9 cm
Turin 1993
Privatsammlung Biella

68 **Ring|anello|ring** »eco«
18 kt Gelbgold, getrieben, ziseliert; mit 18 kt
Weißgold mattiert und 18 kt Roségold montiert.
Lamine di oro giallo 20 k sbalzate, cesellate e
assemblate con lamine di oro bianco 18 k
smerigliate e lamine di oro rosa 18 k.
18 ct yellow gold, chased, chiselled; mounted
in 18 ct white gold matt finish and 18 ct pink
gold.
3,1 × 2,8 cm
Turin 1992
Privatsammlung Biella

69 **Ring|anello|ring** »eco«
Zwei Teile miteinander verbunden, ein Teil aus
20 kt Gelbgold, dazu symmetrisch der andere
Teil aus 18 kt Weißgold.
Due parti unite insieme, una parte in lamine
di oro giallo 20 k, l'altra parte, disposta simme-
tricamente, in lamine di oro bianco 18 k.
Two parts joined together, one part of 20 ct
yellow gold, its symmetrical counterpart of
18 ct white gold.
3 × 3,3 × 3 cm
Turin 1993

70 **Ring|anello|ring** »metamorfosi«
20 kt Gelbgold, getrieben, ziseliert; mit 18 kt
Roségold montiert.
Lamine di oro giallo 20 k sbalzate e cesellate;
assemblate con lamine di oro rosa 18 k.
20 ct yellow gold, chased, chiselled; mounted
in 18 ct pink gold.
3,5 × 2,8 × 3,1 cm
Turin 1996

71 **Ring|anello|ring** »metamorfosi«
20 kt Gelbgold, getrieben, ziseliert; mit 18 kt
Roségold montiert; eingeritzt mit Radiernadel.
Lamine di oro giallo 20 k sbalzate, cesellate e
assemblate con lamine di oro rosa 18 k;
incisione a bulino.
20 ct yellow gold, chased, chiselled; mounted
in 18 ct pink gold; incised with an etching
needle.
4,1 × 3,5 × 3,2 cm
Turin 1996
Privatsammlung Philadelphia

72 **Brosche|spilla|brooch** »narciso«
20 kt Gelbgold, getrieben, ziseliert; auf 18 kt
Roségold montiert.
Lamine di oro giallo 20 k sbalzate, cesellate e
assemblate su una lamina di oro rosa 18 k.
20 ct yellow gold, chased, chiselled; mounted
in 18 ct pink gold.
4,9 × 4,9 × 1,2 cm
Turin 1996
Privatsammlung Philadelphia

73 **Ring|anello|ring** »narciso«
20 kt Gold, getrieben, ziseliert; mit 18 kt Roségold, montiert, eingeritzt mit Radiernadel.
Anello di oro giallo 20 k sbalzate e cesellate,
assemblate con lamine di oro rosa 18 k incise a
bulino.
20 ct gold, chased, chiselled; mounted in 18 ct
pink gold, incised with an etching needle.
3,7 × 3,2 × 3,8 cm
Turin 1995

74 **Armschmuck|bracciale|bracelet** »kaos«
20 kt Gelbgold, getrieben, ziseliert und montiert; auf mit Spannung gehärtete Spange aus
18 kt Weißgold aufgelötet.
Lamine di oro giallo 20 k sbalzate, cesellate e
assemblate con bracciale di oro bianco 18 k
elastica.
20 ct yellow gold, chased, chiselled mount;
soldered on to hardened, elastic bangle of 18 ct
white gold.
5,6 × 7 × 3,2 cm
Turin 1991
Schmuckmuseum Pforzheim

75 **Doppelring|anello doppio|double ring**
»kaos«
Ring in zwei Teilen aus 20 kt Gelbgold, getrieben, ziseliert; mit 18 kt Roségold montiert.
Anello in due parti staccate formato da lamine
di oro giallo 20 k sbalzate e cesellate, assemblate con lamine di oro rosa 18 k.
Ring in two parts, 20 ct yellow gold, chased,
chiselled; mounted in 18 ct pink gold.
3,2 × 3 cm und 3 × 3|2,5 cm
Turin 1991
Privatsammlung Wien

76 **Brosche|spilla|brooch** »kaos«
20 kt Gelbgold, getrieben, ziseliert; mit 18 kt
Roségold, mattiert, montiert.
Lamine di oro giallo 20 k sbalzate, cesellate e
assemblate con lamine di oro rosa 18 k
smerigliate.
20 ct yellow gold, chased, chiselled; mounted
in 18 ct pink gold, matt finish.
2,9 × 5,9 × 1,5 cm
Turin 1992

77 **Brosche|spilla|brooch** »narciso«
20 kt Gelbgold, getrieben, ziseliert und durchbrochen; montiert.
Lamine di oro giallo 20 k traforate, sbalzate,
cesellate e assemblate.
20 ct yellow gold, chased and pierced
mount.
3,7 × 6,6 cm
Turin 1995
Privatsammlung Düsseldorf

78 **Brosche|spilla|brooch** »narciso«
20 kt Gelbgold, getrieben, ziseliert und mit 18
kt Roségold, mattiert, montiert.
Lamine di oro giallo 20 k sbalzate, cesellate e
assemblate con lamine di oro rosa 18 k
smerigliate.
20 ct yellow gold, chased, chiselled and mounted in 18 ct pink gold, matt finish.
4 × 6,6 × 1,8 cm
Turin 1995

79 **Brosche|spilla|brooch** »narciso«
18 kt Weißgold, 20 kt Gelbgold, getrieben, ziseliert und montiert.
Lamine di oro bianco 18 k e lamine di oro giallo
20 k, sbalzate e cesellate e assemblate insieme.
18 ct white gold, 20 ct yellow gold, chased,
chiselled mount.
3,5 × 7,5 × 1,4 cm
Turin 1995

80 **Ring|anello|ring** »narciso«
20 kt Gelbgold, getrieben, ziseliert; auf 18 kt
Weißgold, hochglanzpoliert, montiert.
Lamine di oro giallo 20 k sbalzate e cesellate
riportate su lamine di oro bianco 18 k lucidate
a specchio.
20 ct yellow gold, chased, chiselled; mounted
in 18 ct white gold, high-gloss finish.
3,3 × 3,3 × 3 cm
Turin 1997

81 **Brosche|spilla|brooch** »narciso«
20 kt Gelbgold, getrieben, ziseliert und montiert; auf 18 kt Roségold, mattiert, gelötet.
Lamine di oro giallo 20 k sbalzate, cesellate e
assemblate; sono saldate a una lamina di oro
rosa 18 k smerigliata.
20 ct yellow gold, chased, chiselled mount;
soldered on to 18 ct pink gold, matt finish.
4 × 7 × 1,8 cm
Turin 1993

82 **Brosche|spilla|brooch** »bacio«
20 kt Gelbgold, getrieben, ziseliert; mit 18 kt
Roségold montiert.
Lamine di oro giallo 20 k sbalzate, cesellate e
assemblate con lamine di oro rosa 18 k.
20 ct yellow gold, chased, chiselled; mounted
in 18 ct pink gold.
4,5 × 5 × 1,6 cm
Turin 1997

83 **Brosche|spilla|brooch** »narciso«
20 kt Gelbgold, getrieben, durchbrochen,
montiert und auf 18 kt Roségold aufgesetzt.
Lamina di oro giallo 20 k sbalzata, traforata,
assemblata e riportata su una lamina di oro
rosa 18 k.
20 ct yellow gold, chased, pierced, mounted in
and applied to 18 ct pink gold.
5,1 × 6 × 2,1 cm
Turin 1996

84 **»volto«**
20 kt Gelbgold, geschmiedet, auf Sandkissen
und Kit getrieben, ziseliert; mit 20 kt
Gelbgold, mattiert, montiert.
Lamine di oro giallo 20 k modellate a martello,
sbalzate su cuscino di sabbia e su pece nera e
cesellate. Assemblate e costruite con lastre di
oro giallo 20 k smerigliate.
20 ct yellow gold, beaten, chased on sand box
and cushion, chiselled; mounted in 20 ct
yellow gold, matt finish.
20,4 × 7,2 × 7,1 cm
Turin 1997

85 Brosche | spilla | brooch »il dio felice«
20 kt Gelbgold, getrieben, ziseliert; mit 18 kt
Roségold, mattiert, montiert.
Lamine di oro giallo 20 k sbalzate e cesellate;
assemblate e costruite con lamine di oro rosa
18 k smerigliate.
20 ct yellow gold, chased, chiselled; mounted
in 18 ct pink gold, matt finish.
4,7 × 10,6 × 2,3 cm
Turin 1996
Schmuckmuseum Pforzheim

86 Brosche | spilla | brooch »narciso«
20 kt Gelbgold, getrieben, ziseliert; auf 18 kt
Roségold, mattiert, aufgesetzt.
Lamina di oro giallo 20 k sbalzata e cesellata.
Riportata su una lamina di oro rosa 18 k
smerigliata.
20 ct yellow gold, chased, chiselled; applied to
18 ct pink gold, matt finish.
6 × 3,8 × 1,6 cm
Turin 1996

87 Brosche | spilla | brooch »narciso«
20 kt Gelbgold, getrieben, ziseliert, graviert;
die verschiedenen Teile mit 18 kt Roségold
montiert.
Lamine di oro giallo 20 k sbalzate e cesellate;
incisioni a cesello. Le varie parti sono assemblate con lamine di oro rosa 18 k.
20 ct yellow gold, chased, chiselled, engraved;
the various parts mounted in 18 ct pink gold.
3,6 × 8,2 × 1 cm
Turin 1996

88 Armschmuck | bracciale | bracelet »narciso«
20 kt Gelbgold, getrieben, ziseliert, montiert
und an mit Spannung gehärtete Spange aus
18 kt Weißgold gelötet.
Lamine di oro giallo 20 k sbalzate e cesellate
sono assemblate tra loro e saldate a una fascia
elastica di oro bianco 18 k.
20 ct yellow gold, chased, chiselled mount and
soldered to a hardened, elastic bangle of 18 ct
white gold.
5,7 × 5,8 × 6,3 cm
Turin 1996

89 Brosche | spilla | brooch »volto«
20 kt Gelbgold, auf Sandkissen getrieben,
ziseliert; mit 18 kt Roségold montiert.
Lamina di oro giallo 20 k sbalzata a cesello su
cuscino di sabbia, cesellata e assemblata con
lamine di oro rosa 18 k.
20 ct yellow gold, chased on a sand box,
chiselled; mounted in 18 ct pink gold.
7,5 × 4,5 cm
Turin 1996
Privatsammlung Wien

90 Brosche | spilla | brooch »narciso«
20 kt Gelbgold, auf Sandkissen und Kit getrieben, ziseliert.
Lamina di oro giallo 20 k sbalzata a cesello e a
martello su cuscino di sabbia e in pece nera.
20 ct yellow gold, chased; hammered on sand
box and cushion.
8,2 × 4,6 × 1,5 cm
Turin 1996

91 Brosche | spilla | brooch »aurea aetas«
20 kt Gelbgold, getrieben, ziseliert; mit 18 kt
Weißgold, montiert, eingeritzt mit Radiernadel.
Lamine di oro giallo 20 k sbalzate e cesellate,
assemblate con lamine di oro bianco 18 k
incise a bulino.
20 ct yellow gold, chased, chiselled; mounted
in 18 ct white gold, incised with etching
needle.
8,1 × 4,3 × 1,4 cm
Turin 1997

92 Ring | anello | ring »fileo«
20 kt Gelbgold, getrieben, ziseliert, montiert.
Lamine di oro giallo 20 k sbalzate, cesellate e
assemblate.
20 ct yellow gold, chased, chiselled mount.
3,9 × 2,3 × 3,1 cm
Turin 1997

93 Brosche | spilla | brooch »simmetrie«
20 kt Gelbgold, getrieben, ziseliert; mit 18 kt
Roségold montiert.
Lamine di oro giallo 20 k sbalzate, cesellate e
assemblate con lamine di oro rosa 18 k.
20 ct yellow gold, chased, chiselled; mounted
in 18 ct pink gold.
3,7 × 4,2 × 1,7 cm
Turin 1997

94 »il principio«
(Gen 1,4/Gen 1,3; S. Agostino G. 1,2/Gen 1,1;
Io 1,1)
Feingold und Blei auf Karton.
Lamine di oro puro e piombo su carta.
Fine gold-leaf and lead on cardboard.
64 × 23 cm
Turin 1996

95 »la luce e il tempo« (Gen 1,14/Gen 1,7)
Feingold und Blei auf Karton.
Lamine di oro puro e piombo su carta.
Fine gold-leaf and lead on cardboard.
46 × 23 cm
Turin 1997

96 »l'erba« (Gen 1,12–2,15)
Feingold auf Karton.
Lamine di oro puro su carta.
Fine gold-leaf on cardboard.
23 × 23 cm
Turin 1997

97 »la mela« (Gen 1,11)
Feingold auf Karton.
Lamine di oro puro su carta.
Fine gold-leaf on cardboard.
23 × 23 cm
Turin 1997

98 »Adamo e Eva« (Gen 1,28; 2,15; 2,25)
20 kt Gelbgold auf Karton.
Lamine di oro 20 k su carta.
20 ct yellow gold-leaf on cardboard.
23 × 23 cm
Turin 1997

99 »il serpente« (Gen 3,1)
Feingold auf Karton.
Lamine di oro puro su carta.
Fine gold-leaf on cardboard.
23 × 23 cm
Turin 1997

100 »le trasformazioni«
(Timeo/Platone 50B, 52A)
Feingold auf Karton.
Lamine di oro puro su carta.
Fine gold-leaf on cardboard.
23 × 23 cm
Turin 1997

101 »gli die Giovani« (Timeo/Platone 42E)
Feingold auf Karton.
Lamine di oro puro su carta.
Fine gold-leaf on cardboard.
23 × 23 cm
Turin 1997

102 »il cerchio più intelligente«
(Timeo/Platone 40 A)
20 kt Gelbgold auf Karton.
Lamina di oro 20 k su carta.
20 ct yellow gold-leaf on cardboard.
23 × 23 cm
Turin 1997

103 »il ramo d'oro«
(Eneide/Virgilio VI, 205)
Feingold auf Karton.
Lamine di oro puro su carta.
Fine gold-leaf on cardboard.
18,5 × 18,5 cm
Turin 1996

Biographie

1923 Bruno Martinazzi wird am 10. Dezember in Turin als zweites Kind von Luigi Martinazzi und Teresita Operti geboren (Martinazzi: piemontesische Familie aus der Wermuth- und Likörindustrie).

1926 Der Vater Luigi unternimmt mit dem dreijährigen Sohn den ersten Ausflug in die Berge.

1927 Der Vater kommt mit 37 Jahren bei einem Autounfall ums Leben.

1928 Der kleine Junge verbringt viele Stunden im Atelier seines Großvaters und schaut ihm beim Malen zu.

1934 Bruno beginnt Musik zu studieren.

1937 Auf Wunsch der Familie schreibt er sich im Gymnasium Massimo D'Azeglio in Turin ein.

1938 Beginn des alpinen Bergsteigens mit dem Club Alpino Italiano.

1940 Wiederaufnahme seines früheren Interesses für die Musik, Klavierstudium.

1941 Beginn des Chemiestudiums an der Universität Turin, wo er 1947 promoviert wurde.

1940–1943 Zahlreiche Erstbegehungen in den westlichen Alpen.

1943–1945 Als Widerstandskämpfer in den »Gruppi Autonomi delle Langhe« ist er an den »25 Tagen von Città di Alba« beteiligt.

1947 Am selben Tag, als Bruno mit seinem Bruder Italo, mit R. Cominotti, N. Corti und P. Pinna Pintor das Matterhorn ersteigt, stirbt seine Schwester Baba bei einem Autounfall. Er beschließt daraufhin, das Bergsteigen aufzugeben. Vier Jahre arbeitet er als chemischer Direktor in einem Textilunternehmen. An den Abenden nimmt er an den Kursen der Libera Accademia d'Arte in Turin teil.

1951 Martinazzi verläßt die Industrie und beginnt eine Lehre als Goldschmied in der Werkstatt der Brüder Mussa. Daneben besucht er die Abendschule für Goldschmiedekunst »Girardi«.

Biografia

1923 Bruno Martinazzi, nato il 10 dicembre a Torino, secondogenito di Luigi Martinazzi e Teresita Operti (Martinazzi: famiglia piemontese di produttori di vermouth e di liquori).

1926 il padre porta il figlio di tre anni alla sua prima escursione in montagna.

1927 il padre Luigi muore a 37 anni in un incidente automobilistico.

1928 il bambino trascorre affascinato ore nello studio del nonno artista guardandolo mentre dipinge.

1934 Bruno inizia a studiare musica.

1937 pur essendo attratto dal mondo dell'arte, asseconda i desideri dalla famiglia e si iscrive al Ginnasio D'Azeglio di Torino.

1940 riprende il suo antico interesse per la musica e studia pianforte.

1941–1947 si iscrive alla facoltà di Chimica dell'Università di Torino dove si laurea.

1940–1943 numerose prime ascensioni nelle Alpi Occidentali.

1943–1945 Partigiano Combattente nei Gruppi Autonomi delle Langhe, partecipa ai 25 giorni della Città di Alba.

1947 la sorella Baba muore in un incidente automobilistico all'età di 21 anni. Lo stesso giorno Bruno scala il Cervino con il fratello Italo, R. Cominotti, N. Corti, P. Pinna Pintor – decide di abbandonare l'alpinismo. Per quattro anni lavora come direttore chimico in un'industria tessile. Alla sera segue i corsi della Libera Accademia d'Arte di Torino.

1951 abbandona l'industria e lavora come apprendista orafo nel laboratorio dei Fratelli Mussa. Segue la scuola serale orafi Girardi.

1953–1954 si trasferisce a Firenze dove segue la Scuola Statale d'Arte per le tecniche dello sbalzo, del cesello e dello smalto. Prosegue gli studi all'Istituto d'Arte di Roma dove continua ad approfondire le antiche tecniche della toreutica.

1954–1955 prima personale a Torino (smalti rami e argenti) seguono personali a Milano e Roma.

Bruno Martinazzi, Sommer 1947

Chronology

1960 prima mostra internazionale: Dallas, Jewelry Art.

1961 il premio Gubbio per la Scultura.

1961 primo premio internazionale: Londra, Goldsmith's Hall.

1962–1963 dopo quindici anni di sculture interruzione; riprende lo sci d'alpinismo. A Zermatt incontra Carla Gallo Barbisio.

1963 prima personale di scultura in bronzo a Torino. Partecipa a Parigi al Salon de la Jeune Sculpture.

1964 Personale itinerante a Monaco, Londra, Ginevra. Presenta un progetto non celebrativo sulla resistenza: 15 studi sulla paura, una serie di 15 sculture in bronzo. Esposizioni a Monaco di Baviera e a Biella.

1965 Torino, Premio per la scultura. Monaco, Premio dello Stato di Baviera. Si iscrive all'Universita di Torino, alla scuola di specializzazione di Psicologia. Insegna scultura al Liceo Artistico e inizia a lavorare con bambini autistici.

1966 espone al Finch Museo di New York e a Firenze. Un produttore di gioielli di Detroit si offre di iniziare una produzione industriale di gioielli Martinazzi in Italia e gli chiede di dirigere l'azienda. Martinazzi rifiuta.

1964–1967 Martinazzi trascorre lunghi periodi in Toscana ad Ansedonia, nel sito dell'antica Cosa, dove trova pietre da scolpire.

1923 Bruno Martinazzi, born December 10th in Turin, the second son of Luigi Martinazzi and Teresita Operti. (Martinazzi: a Piemontese family of vermouth and liquors producers).

1926 Father Luigi takes his 3-year-old son on a first mountain climb.

1927 Father Luigi dies at 37 in a car accident.

1928 The little boy is fascinated with the studio of his artist grandfather, where he spends long hours watching him at work.

1934–1937 Bruno begins to study music.

1937 Bruno enrols at the Ginnasio Liceo Massimo d'Azeglio in Turin.

1938 Begins mountain climbing.

1940 Reverting to his early interest in music, he studies piano.

1941 Begins to study chemistry at Turin University.

1940–1943 Numerous first expeditions in the West Alps.

1943–1945 Partisan and member of the Langhe Autonomist Group. Participates in the 25 days of the city of Alba.

1947 His sister Baba, aged 21, dies in a car accident. That same day Bruno is climbing the Matterhorn with his brother Italo, R. Cominotti, N. Corti, P. Pinna Pintor and decides to give up mountain climbing. Takes his degree in chemistry. For the following four years works as an industrial chemist, director of dyes, in a textile factory. At the same time attends the Free Academy of the Arts in Turin.

1951 Leaves industry and becomes an apprentice to the Mussa Brothers, goldsmiths, in their shop. Enrols in night school at Scuola Orafi Girardi.

1953–1954 Moves to Florence and attends the State School of Art, where he begins to investigate techniques of working in low relief with chisel and enamel. Later moves to Rome, where he continues to study those ancient techniques while attending the Rome Art Institute.

1954–1955 First one-man show in Turin (enamelled copper and silver relief), then in Milan and Rome.

1959 Participtes for the first time in the »Biennale del metallo« in Gubbio and in 1961 is awarded the Gubbio Prize for Sculpture.

1960 First international exhibition: Show of Jewellery Art in Dallas.

1961 First international award: London, Goldsmiths' Hall.

1962–1963 After 15 years returns to mountain climbing. While skiing in winter in Zermatt meets Carla Gallo Barbisio.

1953–54 Martinazzi zieht nach Florenz, um an der Scuola Statale d'Arte Treib-, Ziselier- und Emailtechniken zu erlernen. Er setzt das Studium am Istituto d'Arte in Rom fort, wo er die traditionellen Treibtechniken vertieft.

1954–55 Der ersten Ausstellung in Turin (emailliertes Kupfer und Silber) folgen weitere in Mailand und Rom. 1961 erhält er den Gubbio-Preis für Skulptur.

1960 Erste internationale Ausstellung: Dallas, Jewellery Art.

1961 Erster internationaler Preis: London, Goldsmiths' Hall.

1962–63 Nach 15 Jahren Unterbrechung nimmt er das Bergsteigen wieder auf. In Zermatt begegnet er Carla Gallo Barbisio.

Carla und Bruno, Ansedonia, 1963

1963 Erste Ausstellung seiner Bronzeskulpturen in Turin. Teilnahme am »Salon de la Jeune Sculpture« in Paris.

1964 Wanderausstellung in München, London und Genf. Präsentation eines den Widerstand bewußt nicht verklärenden Projektes: »15 Studien zur Angst«, eine Serie von 15 Bronzeskulpturen. Ausstellungen in München und Biella.

1965 Turin, Preis für Skulptur; München, Bayerischer Staatspreis. Einschreibung in die »scuola di specializzazione« für Psychologie an der Universität Turin. Er unterrichtet am Liceo Artistico und beginnt, mit autistischen Kindern zu arbeiten.

1966 Ausstellungen im Finch Museum in New York und in Florenz. Ein Schmuckhersteller in Detroit schlägt ihm eine eigene Serienproduktion für Martinazzi-Schmuck in Italien vor und bietet ihm an, das Unternehmen zu führen. Martinazzi lehnt ab.

1964–67 Martinazzi verbringt längere Zeit in Ansedonia in der Toskana (in der Nähe des antiken Cosa), wo er Steine für seine Skulpturen findet.

1968–69 Im Jahr der Studentenrevolte (1968) und in der Zeit, als die großen Streiks in Turin im Herbst 1969 stattfinden, schafft er Skulpturen, die zu explodieren scheinen; er verwendet Kunststoff und aufblasbares Nylon und gießt dann die Modelle in Bronze und Aluminium: »Metalmecanici«, »Catena di Montaggio«, »Adattoide«.

1968 Er befindet sich in Prag zu einer Skulpturen-Ausstellung und zur Teilnahme an einem Silber-Symposiums in Jablonec, als die sowjetische Militärinvasion stattfindet. Am Tag seiner Ausstellungseröffnung in Mailand explodieren die ersten Bomben auf der Piazza Fontana. Bewegt von der Welle der terroristischen Gewalt, stellt Martinazzi nicht mehr den menschlichen Körpers als Ganzes dar, sondern nur noch in Fragmenten.

1968–1969 durante la rivolta degli studenti (1968) e i grandi scioperi dell'autunno caldo a Torino (1969) produce opere che sembrano esplodere; usa plastica e naylon gonfiati che fonde in bronzo e alluminio: »Metalmeccanici«, »Catena di Montaggio«, »Adattoide«.

1968 si trova a Praga per una mostra di scultura e per un Symposium sull'Argento a Jablonec durante l'invasione dell'armata sovietica. Esplodono le prime bombe a Piazza Fontana nel giorno della sua personale a Milano. Colpito dall'ondata di violenza terroristica Martinazzi non rappresenta più l'intero ma frammenti di corpo umano.

1970 con altri psicologi organizza una scuola estiva ad Ansedonia per »bambini diversi insieme a bambini normali«. Si laurea in Psicologia all'Università di Torino.

1972 mostre e premi in Germania, Giappone, Francia, Inghilterra, Svizzera e Torino. Umberto Agnelli invita Martinazzi a fare una scultura monumentale per il nuovo centro direzionale Fiat. Martinazzi decide di realizzare due grandi pugni: la mano come metafora di creatività e strumento di invenzione e conoscenza.

1975 ricerca su »Materia e Tempo«. Sculture in pietra. Personale alla Galleria Gian Enzo Sperone: Metro, Peso, Vaso, Pollice.

1976 insegna all'Accademia di Belle Arti di Torino.

1976–1979 periodo di insegnamento sperimentale: laboratori a Torino, Ansedonia, Messico e USA. Per due anni lavora con gruppi di arte-terapia all'Ospedale psichiatrico di Torino-Collegno. Organizza i primi laboratori di arte e mestieri per la Città di Torino: Laboratori di quartiere aperti a tutti – di Borgo Po. Studia l'arte cicladica.

1978 Termina la scultura monumentale dei pugni per la FIAT. Personale a Vienna, galleria Am Graben. Incontra Sidney Leach dell'Università di Parigi che conduce una ricerca sull'effetto LASER. Inizia a lavorare sull'energia e la reversibilità.

1980 Luigi Carluccio, direttore della Biennale di Venezia, vuole esporre i due grandi pugni. Umberto Agnelli è d'accordo a prestare l'opera. Martinazzi inquieto per la situazione politica non pensa sia opportuno esporre queste due sculture e rinuncia. Profondamente depresso si trasferisce a Pietrasanta.

1981–1983 Periodo di completo isolamento a Pietrasanta, Toscana, alla ricerca della purezza delle forme. Sculture in marmo bianco: Icaro, Herma, Diade, Marafea, Caino e Abele. Si ammala gravemente e ritorna a Torino.

1984–1985 esposizioni nei Musei di New York, Kyoto, Tokyo. Partecipa attivamente al movimento non violento e presenta il progetto per un »monumento contro le guerre«. Esposizioni a Torino, Galleria Martano; Venezia, Museo Diocesano; Impruneta (Firenze), Biella.

Augsburg 1987, Verleihung des Ehrenrings
der Gesellschaft für Goldschmiedekunst

Bruno Martinazzi, Ansedonia, 1995

1963 First one-man show of bronze sculpture in Turin. Participates in the Paris »Salon de la Jeune Sculpture«.

1964 Travelling one-man show in Munich, London, Geneva. Presents first project for a non-commemorial monument: »15 studies on fear«, a series of bronze sculptures, in Munich and Biella (Italy).

1965 Award for Sculpture, Turin, and Bavarian State Prize, Munich. Begins to study psychology at Turin University. Teaches sculpture at the Liceo Artistico and begins art work with autistic children.

1966 Shows at the Finch Museum, New York, and Florence, Italy. Detroit jewellery manufacturer offers to start industrial production of Martinazzi's jewellery and asks him to manage the enterprise in Italy. Martinazzi refuses.

1964–1967 Spends long periods in Ansedonia (Tuscany), where he finds stones to sculpt.

1968–1969 During student revolt (1968) and industrial strikes (1969) in Turin, produces forms that seem to explode; uses plastics and inflatable nylon, casting these forms in bronze and aluminium: »Metal workers«, »Assembly line«, »Adaptoid«.

1968 In Prague for a sculpture exhibition and symposium on silver in August, 1968, during the Soviet Army invasion. First terrorist bomb explodes in Piazza Fontana on the day his exhibition opens in Milan. More and more concerned with the wave of violence, he is no longer able to represent the whole during this period but only fragments of the human body.

1970 With other psychologists organizes a summer art school in Ansedonia »for disturbed and normal children together«. Finishes postgraduate studies in psychology at Turin University.

1972 Exhibitions and awards in Germany, Japan, France, England, Switzerland and Turin. Umberto Agnelli commissions a monumental scupture for the new Fiat management headquarters and Martinazzi decides to depict two large fists: »The hand as a metaphor of creativitiy and tool of the inventive spirit of knowledge«.

1975 Research on »Matter and Time«. Exhibition at the Gian Enzo Sperone Gallery: »Metro, peso, vaso, pollice«.

1976 Teaches at the Academy of Fine Arts in Turin.

1976–1979 Period of experimental teaching with different groups: workshops in Turin, Ansedonia, Mexico, USA. For two years works training groups in art therapy at the Psychiatric Hospital, Turin-Collegno. Organizes the first laboratory for arts and crafts for the city of Turin: »Laboratori di Quartiere aperti a tutti di Borgo Po«. Studies Cycladic art.

1978 Finishes the two monumental fists. Exhibition in Vienna, Am Graben Gallery. Meets Sydney Leach of the University of Paris who is conducting research on the LASER Effect. Begins to work on energy and reversibility.

1980 Luigi Carluccio, Director Designate of the Venice Biennale, wants to exhibit the two fists. While Umberto Agnelli agrees to lend the sculpture, Martinazzi does not think that an exhibition of this kind can be staged with the political situation as it is and renounces. Deeply depressed, he moves to Pietrasanta.

1970 Mit anderen Psychologen organisiert er eine Sommerschule in Ansedonia für »behinderte Kinder zusammen mit nichtbehinderten Kindern«. Abschlußexamen in Psychologie an der Universität Turin.

1972 Ausstellungen und Preise in Deutschland, Japan, Frankreich, England, Schweiz und Turin. Umberto Agnelli beauftragt Martinazzi, eine Großskulptur für das neue Gebäude der Fiat-Direktion zu schaffen. Martinazzi beschließt, zwei Fäuste darzustellen: die Hand als Metapher für Kreativität und als Instrument für Erfindungsreichtum und Wissen.

1975 Forschungen zu »Materie und Zeit«. Skulpturen aus Stein. Ausstellung in der Galerie Gian Enzo Sperone: Maß, Gewicht, Gefäß, Zoll.

1976 Lehrt er an der Accademia di Belle Arti in Turin.

1976-79 Periode des experimentellen Unterrichtes: Workshops in Turin, Ansedonia, Mexiko und USA. Zwei Jahre arbeitet er mit Gruppen für Kunsttherapie an der psychiatrischen Klinik in Turin-Collegno. Er organisiert die ersten Werkstätten für Kunst und Handwerk in Turin – für jedermann geöffnete Werkstätten im Stadtteil Borgo Po. Intensive Beschäftigung mit der Kunst der Kykladen.

1978 Martinazzi beendet die monumentale Skulptur – die zwei Fäuste – für Fiat. Ausstellung in Wien, Galerie am Graben. Er begegnet Sidney Leach von der Universität Paris, der an einer Studie zum LASER-Effekt arbeitet. Beginn der Arbeiten zur »energia« und »reversibilitá«.

1980 Luigi Carluccio, Direktor der Biennale in Venedig, will die beiden großen Fäuste ausstellen, Umberto Agnelli ist damit einverstanden. Martinazzi, von der politischen Situation beunruhigt, hält die Ausstellung der beiden Skulpturen nicht für angemessen und verzichtet darauf. Tief niedergeschlagen zieht er sich nach Pietrasanta zurück.

1981-83 Periode der völligen Isolation in Pietrasanta, Toskana, auf der Suche nach der »reinen Form«. Skulpturen in weißem Marmor: »Icaro«, »Herma«, »Diade«, »Marafea«, »Kain und Abel«. Schwere Erkrankung und Rückkehr nach Turin.

1984-85 Ausstellungen in Museen von New York, Kyoto und Tokyo. Er nimmt aktiv an der Anti-Gewalt-Bewegung teil und präsentiert sein Projekt für ein »Monument gegen Krieg«. Ausstellungen in Turin, Galleria Martano; Venedig, Museo Diocesano; Impruneta (Florenz) und Biella.

1985-86 Lange Perioden des zurückgezogenen Lebens in dem ehemaligen Konventgebäude von Salussola. Studien und Arbeiten zu biblischen Texten: Worte und Bilder.

1987 Es entstehen das Buch »I cieli e la terra e tutte le tue creature« und ein Video, das er zusammen mit jungen Künstlern dreht. Er hält in Florenz und Philadelphia Vorlesungen über seine Untersuchungen zur Ästhetik. Preise in München und Augsburg. Ausstellungen in den USA, durchgeführt von Helen Drutt.

Salussola, 1989

1988 Studien zu Mythos und Religion. Ausstellungen im Museo Archeologico in Arezzo und auf der Biennale von Lugano.

1989 Mythos/Logos – Neue Arbeiten zu Rationalität und Mythos.

1990 Ausstellungen in Den Haag, Amsterdam, New York. Gemeinschaftsausstellungen in Turin und Mailand. Gestaltung des »Ehrenringes der Gesellschaft für Goldschmiedekunst« für seinen Freund Anton Cepka, eine Auszeichnung, die Martinazzi selbst 1987 erhalten hat.

1991-92 Unterrichtet am Royal College of Art in London auf Einladung von David Watkins. In Italien zieht sich Martinazzi erneut nach Salussola zurück, wo er Dante, Thomas von Aquin und Augustinus studiert. Es entstehen neue Werke zu KAOS, im ursprünglich griechischen Sinn von Öffnung und Wiederentstehung. In Salussola trifft er Jerome Bruner und Bärbel Hinhelder und plant mit Carla Gallo Barbisio das »Museo Laboratorio dell'Oro e della Pietra« in Salussola. Es beginnt die Korrespondenz mit Karl Bollmann, durch die er seine Studien zu Goethe und Kant vertieft. Wiederaufnahme der Themen Mythos des »ramo d'oro« und der »reversibilitá«.

1993-96 Er widmet sich ausschließlich dem Studium und der Untersuchung der Ästhetik. Wiederaufgreifen des Schöpfungsthemas im griechischen Mythos und in der jüdisch-christlichen Religion. Es entstehen die Werke »Narciso«, »Metamorfosi«, »Il Dio Felice« und es folgen Skulpturen in Gold. Planung der Herausgabe eines Buches zu den Worten und Vorstellungen im Timaios des Platon. Ausstellungen werden organisiert von Graziella Gay, Marijke Vallanzasca Bianchi und Graziella Folchini Grassetto in Italien, von Fritz Falk, Peter Nickl und Torsten Bröhan in Europa und von Helen Drutt in den USA. Auf Einladung Otto Künzlis hält er Seminare an der Akademie der Bildenden Künste in München. Fritz Falk, Leiter des Schmuckmuseum Pforzheim, schlägt ihm eine Retrospektive aus Anlaß seines 75. Geburtstags vor.

1985–1986 lungo periodo di vita solitaria nella casa del vecchio Convento di Salussola. Studia a lavora su testi biblici: parole e immagini.

1987 Nasce un libro »I cieli e la terra e tutte le tue creature« e un video realizzato con giovani artisti. Tiene conferenze alle Università di Firenze e Filadelfia sulla sua ricerca estetica. Premi a Monaco di Baviera e ad Augsburg. Mostre in diversi centri degli Stati Uniti curate da Helen Drutt.

1988 studi sui miti e sulle religioni. Mostre al Museo Archeologico di Arezzo e alla Biennale di Lugano.

1989 Mito/Logo – Nuovi lavori sulla razionalità e sul mito.

1990 nuovo video sulla Bibbia presentato al Museo Nazionale del Cinema a Torino. Personali a L'Aia, Amsterdam, New York. Collettive a Torino e a Milano. Esegue Ehrenring der Gesellschaft für Goldschmiedekunst, onorificenza che ha ricevuto nel 1987, per l'amico Anton Cepka, insignito per il 1990.

1991–1992 insegna al Royal College of Art di Londra su invito di David Watkins. In Italia, si isola nouvamente a Salussola dove studia Dante, S. Tommaso, S. Agostino. Nascono le nuove forme KAOS, nel senso greco originario di apertura e rigenerazione. Riprende gli studi sulla reversibilità. Riceve a Salussola Jerome Brunner e Bärbel Hinhelder, studia e progetta con Carla Gallo Barbisio il Museo Laboratorio dell'Oro e della Pietra di Salussola per conservare conoscenze e know how. Inizia la corrispondenza con Karl Bollmann con il quale approfondirà lo studio di Goethe e di Kant. Riprende il mito del ramo d'oro della reversibilità.

1993–1996 Si ritira dal mercato per dedicarsi allo studio e alla ricerca estetica. Riprende il tema della creazione nel mito greco e nella religione ebraico-cristiana. Nascono le opere Narciso, Metamorfosi, il Dio Felice. Esegue sculture in oro. Progetta un libro di parole e immagini sul Timeo di Platone. Mostre vengono organizzate da Grazeilla Gay, Marike Vallanzasca Bianchi, Grazeilla Folcchini Grassetto in Italia, da Fritz Falk, Peter Nikl e Torsten Bröhan in Europa, da Helen Drutt in USA. Su invito di Otto Künzli tiene seminari all'Accademia di Belle Arti di Monaco di Baviera. Fritz Falk, direttore del Museo di Pforzheim gli propone una mostra antologica itinerante per il suo 75. jcompleanno.

Ansedonia, 1995

1981–1983 Periods of complete isolation in Pietrasanta, Tuscany, in search of pure forms. Period of white marble sculpture: Icarus, Herma, Diade, Head of Marafea, Cain and Abel. Becomes seriously ill and returns to Turin.

1984–1985 Exhibitions in museums in New York, Kyoto, Tokyo. Participates actively in non-violent movement, presenting a project for a »monument against war«, with exhibitions in Turin, Galleria Martano; Venice, Museo Diocesano; Impruneta (Florence) and Biella.

1985–1986 Long period of isolation in the Old Convent at Salussola. He studies and works on the Bible: words and images.

1987 Makes a book »I cieli la terra e tutte le tue creature« and a video with young artists. Lectures at Florence University and in Philadelphia on his aesthetic research. Awards in Munich and Augsburg. Exhibitions in USA with Helen Drutt as curator.

1988 Studies myths and religions. Exhibitions at the Arezzo Archaelogical Museum and at the Lugano Biennale.

1989 Produces new works searching for the rationality of myths: Mito/Logos.

1990 New video on the Bible presented at the Museo Nationale del Cinema in Turin. One-man show in The Hague, Amsterdam and New York. Group exhibition in Turin and Milan. Models 'Ring of Honour' awarded to him in 1987, for his friend Anton Cepka.

1991–92 Teaches at the Royal College of Art in London on the invitation of David Watkins. On returning to Italy, Martinazzi withdraws again to Salussola, where he studies Dante, St. Thomas and St. Augustine. The new forms called KAOS are created in the original Greek sense of opening and coming again into being. In Salussola he meets Jerome Bruner and Bebel Hinhelder and, with Carla Gallo Barbisio, plans the »Museo Laboratorio dell'Oro e della Pietra« in Salussola to preserve knowledge and skills. He begins to correspond with Karl Bollmann, through whose influence he is encouraged to study Goethe and Kant in depth. Takes up again the myth of gold and »reversibilitá«.

1993–96 He devotes himself entirely to studying and exploring aesthetics. Returns to the Creation theme in Greek mythology and Judaio-Christian religion. The works »Narciso«, »Metamorfosi«, »Il Dio Felice« are produced, followed by sculptures in gold. Plans to publish a book on words and ideas in Plato's Timaeus. Exhibitions are organized by Graziella Gay, Marike Vallanzasca Bianchi and Graziella Folchini Grassetto in Italy; by Fritz Falk, Peter Nickl and Torsten Bröhan in other European countries and by Helen Drutt in the US. On the invitation of Otto Künzli, he gives seminars at the Munich Academy of Fine Arts. Fritz Falk, Director of the museum in Pforzheim, suggests to him that a retrospective of his work should mark the occasion of his 75th birthday.

Ausstellungen (in Auswahl)
Mostre (una scelta)
Selected Exhibitions

Die Ausstellungen wurden in alphabetischer Reihenfolge gewählt und aufgelistet nach den Städten, in denen sie stattgefunden haben. Ein Sternchen bezeichnet die Einzelausstellungen.

Le mostre sono state scelte ed elencate in ordine alfabetico a seconda delle città in cui hanno avuto luogo. Un asterisco indica le mostre personali.

The exhibitions have been selected and arranged alphabetically according to the cities where they were held. An asterisk indicates a solo exhibition.

Aglie (Turin), 1991: Castello Ducale, »Sculture«, rassegna della scultura italiana.
Alba, 1959*: Circolo Sociale, »Bruno Martinazzi«.
Amsterdam, 1990*: Louise Smit Gallery.
Arezzo, 1988: Museo Archeologico, »Oro d'Autore«.
Arezzo, 1992: Museo Statale d'Arte Mediovale e Moderna, oro d'autore »Omagio a Piero«.
Augsburg, 1987*: Gesellschaft für Goldschmiedekunst, Preis: Ehrenringträger 1987.
Biella, 1961*: Galleria Meridiana, »Bruno Martinazzi«.
Biella, 1964: Centro Internazionale Arti Figurative.
Biella, 1964*: Centro Internazionale Arti Figurative, »15 studi sulla paura«.
Biella, 1965: Centro Internazionale Arti Figurative, »Mezzo secolo di scultura in Piemonte«.
Biella, 1977*: Galleria Mercurio, »Bruno Martinazzi«.
Biella, 1981*: Galleria Aprile Ronda, »Martinazzi«.
Biella, 1985*: L'uomo e l'arte, »Contro le Guerre«.
Boston, 1976*: The Obelysk Gallery, »Bruno Martinazzi«.
Bristol, 1967–1973: Arnolfini Gallery.
Buenos Aires, 1995: Museo Nacional de Bellas Artes, »Oro d'Autore«.
Carrara, 1970: Marina di Carrara, »Biennale Internazionale del Gioiello d'Arte«.
Carrara, 1981: Triennale, »Scultura, Marmo, Lavoro«.
Catania, 1959*: Circolo dei forestieri, »Bruno Martinazzi«.
Celje/Jugoslawien, 1972: Zlataraa Celje, »Invitation Jewellery Exhibition«.
Chicago, 1987: International New Art Form.
Chicago, 1988: Rezac Gallery.
Chicago, 1988: Navy Pier.
Chicago, 1989: International New Art Form.

Cortina, 1989: Antologia d'Arte orafa, La Ruota/ GR. 20.
Dallas, 1960: Modern Jewellery.
Den Haag, 1990*: Studio Ton Berends, »Martinazzi«.
Dublin, 1991: The Crafts Council, Powerscourt Townhouse Center, »Schmuckszene«.
Düsseldorf, 1979: Galerie Orfèvre, »Zwei als Eins«.
Düsseldorf, 1980*: Galerie Orfèvre, »Bruno Martinazzi«.
Düsseldorf, 1991: Galerie Torsten Bröhan, »Die kleine Dimension, drei europäische Bildhauer machen Schmuck«.
Edinburgh, 1975: »Jewellery in Europe« (Ausstellungstournee: Aberdeen, Belfast, Cardiff, Glasgow, London, Newport/Isle of Wrigt).
Europa, 1978: World Crafts Council, »The Bowl« (Ausstellungstournee).
Europa, 1983: »International Jewellery Art Exhibition« (Ausstellungstournee).
Florenz, 1970: Biennale Internazionale d'Arte, »Premio del Fiorino«.
Florenz, 1976: Palazzo Strozzi, »Aurea 76: Biennale dell'Arte Orafa«.
Florenz, 1985*: Basilica di Santa Maria all'Impruneta, »Contro le Guerre«.
Genf, 1964*: Musée de l'Athénée, »Bruno Martinazzi«.
Groningen, 1992: Centrum Beeldende Kunst, »Sieraden«.
Gubbio, 1959: Ia biennale del metallo.
Gubbio, 1961: IIa biennale del metallo (Preis).
Hanau, 1990: »Ehrenringträger Ausstellung«. Gesellschaft für Goldschmiedekunst.
Hanau, 1994: Deutsches Goldschmiedehaus, »Schmuck und Gerät«, (Austellungstournee: Erfurt, Budapest, Hamburg, Schwäbisch-Gmünd, Dormagen).
Hanau, 1998*: Deutsches Goldschmiedehaus, »Martinazzi«
Jablonec/Prag, 1968: »Symposium o stribrnen sperku« (International symposi um on silver jewellery).
Köln, 1975*: MAP Galerie, »Bruno Martinazzi«.
Kyoto, 1972: National Modern Art Museum.
Kyoto, 1984: National Museum of Modern Art, »Contemporary Jewellery: The Americas, Australia, Europe and Japan«.
La Jolla/California, 1977: La Jolla Museum, »Sculpture to wear«.
Lausanne, 1974: Musée des Arts Décoratifs, »18 orfèvres d'aujourd'hui«.
Little Rock/Arkansas, 1989: Arkansas Art Center, Decorative Arts Museum.
Little Rock/Arkansas, 1993: Arkansas Art Center, Decorative Arts Museum, »Contemporary Jewelry 1964–1993«.
London, 1961: Goldsmiths' Hall, »International Exhibition of Modern Jewellery, 1890–1961«.
London, 1961: Victoria and Albert Museum, »Goldsmiths Hall: International Exhibition of Modern Jewellery, 1890–1961«.
London, 1965*: Goldsmiths' Hall, »Jewellery by Martinazzi«.
London, 1971–1973: River Gallery-Old Bond Street: »Martinazzi«.
London, 1971: Electrum Gallery, »Opening Exhibition«.

London, 1973: Electrum Gallery, »Jewellery and the human form«.
London, 1976: Victoria and Albert Museum, »Jewellery in Europe« (Ausstellungstournee).
London, 1981: Electrum Gallery, »The Ring from Antiquity to the Twentieth century«.
London, 1981: Electrum Gallery, »1971–1981«.
London, 1984: Electrum Gallery, »Rings« (Ausstellungstournee).
London, 1991: Elektrum Gallery, »20 Years«.
London, 1993: Elektrum Gallery, »Friedrich Becker, Hermann Jünger, Bruno Martinazzi«.
Lugano, 1988: Biennale Svizzera del Gioiello d'Arte – Villa Malpensata.
Mailand, 1955*: Galleria Cairola, »Bruno Martinazzi«.
Mailand, 1957*: Galleria Montenapoleone, »Bruno Martinazzi«.
Mailand, 1957: XI Triennale.
Mailand, 1958*: Galleria Cairola, »Martinazzi«.
Mailand, 1960: Galleria Brera.
Mailand, 1960: XII Triennale di Milano.
Mailand, 1965*: Galleria Sebastiani, »Martinazzi«.
Mailand, 1968*: Galleria Borgogna, »Martinazzi«.
Mailand, 1984: XXIX Biennale Nazionale d'Arte – Citta di Milano.
Mailand, 1988: Studio Pao Veneziani, »Oro d'Autore«.
Mailand, 1990: Museo del Castello Sforzesco – Biblioteca Trivulziana.
München, 1962: Handwerkskammer für Oberbayern, »Form und Qualität«.
München, 1964: Handwerkskammer für Oberbayern, »Form und Qualität«.
München, 1965*: Handwerkskammer für Oberbayern, »Martinazzi«.
München, 1965*: Bayerischer Staatspreis.
München, 1978–1979: Galerie Thomas.
München, 1986: Herbert Hoffman Preis.
München, 1989: Die Neue Sammlung, Staatliches Museum für angewandte Kunst, München.
München, 1991: 43. Internationale Handwerksmesse, »Schmuckszene '91«.
München, 1993: Akademie der Bildenden Künste.
München, 1993: Galerie für angewandte Kunst, Bayerischer Kunstgewerbe-Verein, »Schmuck: Die Sammlung der Danner-Stiftung«.
München, 1996: 48. Internationale Handwerksmesse, »Schmuckszene '96«.
New York, 1960: Finck Museum.
New York, 1976*: Sculpture to wear, »Bruno Martinazzi«.
New York, 1984: American Craft Museum, »Contemporary Jewelry«.
New York, 1988: Helen Drutt Gallery.
New York, 1990*: Helen Drutt Gallery, »Martinazzi-sculptor«.
Novara, 1954: III Biennale Nazionale Arte Sacra.
Novara, 1958: V Biennale Nazionale Arte Sacra.
Novara, 1959: Internazionale d'Arte Sacra.
Novara, 1962*: Galleria Gli Araldi, »Bruno Martinazzi«.
Nürnberg, 1971: Norishalle, »Von Albrecht Dürer bis zur Gegenwart«.
Padua, 1983: T.O.T., »Inno alla gioia«.
Padua, 1984: »Razionale e fantastico nel corpo«.
Padua, 1985: Studio GR 20, »La bella e la bestia«.
Padua, 1987: Studio GR 20, »Il meraviglioso e l'arcano«.

Padua, 1992: Marijke Studio, »Maestri di Gioia«.

Paris, 1963: Musée Rodin, »Salon de le jeune sculpture«.

Paris, 1988: Palais de Chaillot, »Festival des Arts 1900–2000«.

Paris, 1992: Musée des Arts Décoratifs, III Triennale du Bijoux.

Pforzheim, 1970: Schmuckmuseum, »Tendenzen«.

Pforzheim, 1972: Schmuckmuseum, »Halsschmuck in Silber« (auch in Hanau).

Pforzheim, 1973: Schmuckmuseum Pforzheim, »Tendenzen '73«.

Pforzheim, 1977: Schmuckmuseum Pforzheim, »Tendenzen, Schmuck '77«.

Pforzheim, 1979: Schmuckmuseum Pforzheim, »Tendenzen«.

Pforzheim, 1982: Schmuckmuseum Pforzheim, »Schmuck '82 – Tendenzen«.

Pforzheim, 1989: Schmuckmuseum Pforzheim, »Ornamenta 1«.

Pforzheim, 1994: Schmuckmuseum Pforzheim, »Helen Drutt Collection«.

Pforzheim, 1997*: Schmuckmuseum Pforzheim, »Martinazzi«.

Philadelphia, 1987*: Helen Drutt Gallery, »Martinazzi«.

Philadelphia, 1991: Helen Drutt Gallery, »Gold«.

Rom, 1957: Galleria La Bussola.

Rom, 1959*: Galleria La Feluca, »Martinazzi«.

Rom, 1982*: Galleria Sperone, »Misure e Tempo«.

Rom, 1991*: Accademia di Ungheria, Palazzo Falconieri, »Simultaneità 1991« – Video Libro »Sulle Sacre Scritture«.

St. Petersburg, 1989: Museum of Fine Arts.

Tokyo, 1969: »International Exhibition of Goldsmiths Art«.

Tokyo, 1970: »International Jewellery Art Exhibition«.

Tokyo, 1973: »International Jewellery Art Exhibition«.

Tokyo, 1976: »International Jewellery Art Exhibition«.

Tokyo, 1982: »International Jewellery Art Exhibition«.

Tokyo, 1984: National Museum of Modern Art.

Torre Pellice, 1981: Civica Galleria d'Arte Contemporanea, Museo di Torre Pellice.

Treviso, 1989: Galleria Cremonese e GR 20, »Antologia d'arte orafa contemporanea«.

Turin, 1954: Palazzo Reale, »Oro d'Autore«.

Turin, 1956: Galleria La Bussola.

Turin, 1958: Circolo degli Artisti.

Turin, 1963*: Galleria Stampatori, »Bruno Martinazzi«.

Turin, 1964*: Galleria il Punto, »Bruno Martinazzi«.

Turin, 1968*: Domus Collezione, »Economic Growth«.

Turin, 1972*: La Parisina, »Martinazzi«.

Turin, 1974*: La Galatea di Mario Tazzoli, »Martinazzi«

Turin, 1975*: Gian Enzo Sperone, »Metro, peso, vaso, pollice – Misure«.

Turin, 1981*: La Parisina, »Martinazzi«.

Turin, 1982*: Galleria Noire, »Nel Rovescio«.

Turin, 1984*: Galleria Martano, »Contro le Guerre«.

Turin, 1986: Fondazione de Fornaris, »Arte Moderna a Torino«, Palazzo della Promotrice di Belle Arti.

Turin, 1990*: Museo del Cinema, »Sulle Sacre Scritture«.

Turin, 1994*: Graziella Gay Gioielli, »Bruno Martinazzi«.

Turin, 1994: Galleria Civica d'Arte Moderna.

Venedig, 1985*: Museo Diocesano d'Arte Sacra, San Marco – Chiostro Santa Apollonia, »Contro le Guerre, Sculture e Disegni di Bruno Martinazzi«.

Wien, 1979*: Galerie am Graben, »Martinazzi«.

Wien, 1980: Künstlerhaus, »Schmuck International 1910–1980«.

Wien, 1981: Zinn-Symposium, Ausstellung, Hochschule für Angewandte Kunst.

Wien, 1991: Galerie für moderne Kunst, »Hiramatsu, Martinazzi, Symon«.

Zollikon, 1995*: Galerie Zaunschirm, »Bruno Martinazzi«.

Zürich, 1994: Museum Bellerive, »Helen Drutt Collection«.

Bibliographie
Bibliografia
Bibliography

Werke in öffentlichen
Sammlungen (in Auswahl):
Opere nelle collezioni
pubbliche (una scelta):
Works in public
collections (a selection):

Drutt, Helen (Hrsg.), Martinazzi. Turin,
Philadelphia 1990.
(enthält eine ausführliche Bibliographie bis
1990 | contiene una bibliografia dettagliata
fino al 1990 | contains a detailed bibliography
until 1990)

Maschke, R., Dannerstiftung. München 1990.
Folchini Grassetto, G., Gioielli e Legature, Artisti
    del XX Secolo. Mailand 1990.
Rizzoli Eleuteri, L., Gioielli del Novecento. Mailand
    1992.
Friedrich, H., W. Schmied, 13 Goldschmiede.
    Akademie der Bildenden Künste, München
    1993.
III. Triennale du Bijoux (Katalog), Musée des Arts
    Décoratifs, Paris 1992.
Dorfles, G., Oro d'Autore, »Omaggio a Piero«. Museo
    Statale d'Arte medioevale, Arezzo 1992.
Chadour, A.B., A. Freisfeld, Schmuck Stücke. Der
    Impuls der Moderne in Europa. München 1991.
Kindt, H., G. Cyraa Lakke, Sieraden, Centrum
    Beeldende Kunst, Groningen 1992.
Watkins, D., The best in Contemporary Jewellery.
    London 1993.
Weber-Stöber, Chr., U. Keltz, R. Joppien, Schmuck
    und Gerät, Gesellschaft für
    Goldschmiedekunst, München 1994.
VI. Bienal internacional de Arquitectura de Buenos
    Aires, oro de Autor. Museo Nacional de Bellas
    Artes Buenos Aires, Arezzo 1995.
Nickl, P.(Hrsg.), Schmuck 96, Ein internationaler
    Schmuckwettbewerb. München 1996.
Somaini L., C. Cerritelli, Gioielli d'Artista in Italia.
    Mailand 1995.
Drutt English, H., P. Dormer, Jewelry of our time.
    Art, ornament and obsession. London 1995.
Salvestrini, M., »Body Language«. In: Jewellery
    International, Aug. 1995, S. 153–154.
Phillips, C., Jewelry, from Antiquity to the Present.
    London, New York 1996.
Turner, R., Jewelry in Europe and America. New
    times, new thinking. London 1996.
Folchini Grassetto, G., E. Gentili, G. Bonini, S.
    Tagliapetra, Grafica e Oggetti d'Arte. Mailand
    1996.
Quattordio, A., »Talenti d'oro«. In: Arte in, Nr.
    49/1997, S. 94–96.

Arezzo Museo dell'Oro
Hamburg Museum für Kunst und Gewerbe
Hanau Deutsches Goldschmiedehaus
Jablonec | Tschechien Muzeum Skla a Biżuterie
London Goldsmiths' Hall
London Royal College of Art
Montreal Musée des Arts Decoratifs
München Danner Stiftung
München Die Neue Sammlung
Pforzheim Schmuckmuseum Pforzheim
Turin Galleria D'Arte Moderna
Utsonomiwa | Japan Utsonomiwa Museum
Wien Museum des 20. Jahrhunderts
Wuppertal Wuppertaler Uhrenmuseum